혼서(婚書)와 혼속(婚俗)

이병혁

국학자료원

혼서(婚書)와 혼속(婚俗)

이병혁

▍이 글을 정리하면서

옛날에는 한문공부를 조금 했다하면 만(挽, 挽章), 제(祭, 祭文), 서찰 書札 정도는 남의 손을 빌리지 않고 자유로이 쓸 수가 있어야 하고, 예 禮에 있어서도 관冠 · 혼婚 · 상喪 · 제祭, 즉 사례四禮에 대해서는 생활 에 불편함이 없을 정도로 통해야 했다. 그렇지 못하면 선비 대접받기 가 힘들었다. 그러나 시대가 변함에 따라 지금은 대학에서 한문학을 전공하는 학생들도 이런 것에는 관심이 없다. 이런 것은 몰라도 생활 하는데 불편을 느끼지 않기 때문이다.

필자가 이런 화두話頭를 던지는 것은 옛 예법을 그대로 오늘에 되살 려서 살아가자는 것이 아니다. 우리는 그 동안 서구화 · 근대화의 격 랑激浪 속에서 우리의 전통문화, 특히 예禮에 대해서 반성해 볼 여가도 없이 오로지 앞만 보고 달려왔다. 요즘 와서 관례冠禮는 성인식이라 하 여 재현해 보이고 있으며, 혼례婚禮는 전통혼례라 하여 간혹 실행하고 있다. 장례葬禮는 장례식장에서 그들이 짜놓은 절차대로 따라 행하고, 제례祭禮는 제사대행업체에서 시키는 대로 행하고 있는 실정이다. 이 러고도 지식인 또는 자손된 사람으로서 갈등을 느끼지 않는다면 이상 한 사람일 것이다.

혼례를 보면 결혼식장에서 결혼을 하고 있는 것인지, 무대쇼를 하는 것인지 의심스러울 정도이지만 그들의 내면에는 그래도 전통문화의식이 배여 있을 것이다. 따라서 과거의 것을 과거에만 묻어두지 말고 연구하고 여과濾過시켜 오늘의 삶에 더욱 유익하게 할 수 있게끔 함께 고민해보아야 할 것이다. 이글도 이런 의미에서 쓰는 것이다.

이 글은 혼서婚書와 혼속婚俗에 관해 정리한 것이다. 혼서婚書에 대해서는 한문학과 4학년 특강시간에서와 교원연수에서 초청 특강으로 강의한 원고의 내용을 보완하여 싣는다. 그리고 부록에서 관례에 대해서도 간략하게 소개한다. 관례에 대해서는 필자가 한문학과 학생들의 성인식을 지도하면서 조금 정리해 두었던 것을 여기에 옮긴다. 하지만 글을 체계적으로 정리하지는 못했다.

급변하는 시대 속에서 그래도 우리의 풍속을 지키고자 하는 사람 중에는 내가 예학의 전공자인 줄 알고 혼서의 부탁과 문의를 많이 해온다. 그 분들에게 일일이 답을 해 주기에 힘이 들어 이 글을 참고하라고 미완성의 원고지만 이렇게 내어 놓는다. 건강이 좋지 못하여 미완의 글을 내어놓게 되어 미안함을 금할 수 없다. 하지만 단독으로 혼서와 혼속을 이렇게 정리한 저서는 처음 있는 일이라는 데에 의미를 두고 위안을 삼는다.

끝으로 바쁜 중에도 시간을 내어 교정을 보아 준 류경자柳京子 박사에게 진심으로 고마움을 표한다. 우리의 민속에 남다른 애정을 가지고 있으며, 대학에서 민속학을 강의하기도 한 류경자 박사는 평소 한문학에도 관심이 많아 나와 한문학을 강론한 지도 여러 해가 되었다. 이 글을 정리하다가 어려움이 있자 바쁜 중에도 내색하지 않고 열심히 조력助力하여 이 정도라도 책의 모양을 갖추게 되었다. 여기에 그 고마움을 적어 길이 잊지 않으려 한다.

그리고 사진을 준비해 준 부산시립박물관 학예실장 백승옥白承玉 박사, 부산대 도서관 고전자료실 이철찬李哲燦 박사, 처질妻姪 정경윤鄭敬潤군의 고마움도 잊을 수 없다.

필자는 그 동안 몇몇 출판사에서 책을 출판해왔지만 특히 국학자료원에서 다섯 번째의 책이 나온다. 출판계의 불황에도 불구하고 번번이 이처럼 깨끗한 책을 내어준 정찬용 사장 이하 여기에 종사한 여러분들의 노고에 고마움을 표한다.

2016년 1월 18일

부산대 도서관 "우계문고于溪文庫"에서

이병혁李炳赫 씀

▌차 례

Ⅰ. 혼 례 (婚禮)

1. 육례(六禮)

육례는 전통혼례에서 행하는 혼례 절차의 여섯 가지 의식을 말한다. 즉 납채納采 · 문명問名 · 납길納吉 · 납징納徵 · 청기請期 · 친영親迎이 그것이다. 이는 주周나라 때 주공周公이 지은 것으로 알려진 ≪의례(儀禮) · 사혼례(士昏禮)≫에서 비롯된 것이다. 그러면 이 육례의 뜻을 알아보자.

1) 납채(納采)

본래의 뜻은 신랑집에서 혼인을 청하면서 신부집에 보내는 구혼求婚 예물이다. 한편, 납채의 채采는 채택한다는 뜻이므로, 납채란 채택함을 받아들인다는 뜻이 있다. 공식적인 글로 약속한 것이 아니라, 말로써 정하는 단계이므로 "언정(言定: 말로 약속을 정함)"이라고 하는데, "허혼許婚"에 해당한다. 즉 신랑측에서 중매인을 통하여 신부측에 혼인할 의사를 타진했을 때, 신부측에서 이를 받아들임으로써 이루어지는 예이다. 즉, 사성四星을 주는 것을 말한다.

2) 문명(問名)

두 번째는 "문여지생모성씨問女之生母姓氏"라고 하는데, 신랑측에서 편지를 갖추고 심부름하는 사람을 보내 신부 어머니의 성명을 묻는 절차이다. 이는 신부 외가쪽의 가계를 알아보기 위함이다.

그러나 중국의 ≪한어대사전(漢語大辭典)≫에는 신랑측에서 편지를 갖추어 중매인을 통하여 신부의 성명과 생년월일을 묻는 절차라고 수록되어 있다. 그러면 신부측에서는 다시 편지로써 거기에 맞게 적어 신랑측에 알린다. 신부의 성명과 사주를 알아야 길흉을 점칠 수 있기 때문이다.

3) 납길(納吉)

신랑측에서 혼인의 길흉을 점쳐서 길함을 얻으면 심부름 하는 사람을 보내어 그 결과와 혼인의 일을 알리는 것이다. 한문으로는 "復使使者往告婚姻之事於是定(부사시자왕고혼인지사어시정)"이라고 했다. 즉, 혼인이 확정된 단계로 신랑집에서 혼인날을 받아서 신부집에 보내는 단계에 해당한다.

4) 납징(納徵)

납징의 징徵은 이루어짐[成]을 뜻한다. 따라서 납징은 혼인이 이루어짐을 신랑측에서 신부측에 알리는 절차이다. 이는 납폐納幣, 즉 혼수婚需를 신부집에 보내는 절차에 해당한다. 정현鄭玄은 "使使者納幣以成昏禮(사시자납폐이성혼례)"라 했다. 이때 예물은 현훈玄纁·속백束帛·여피儷皮 등이었다. 현玄·훈纁은 푸른(또는 검은) 빛 비단과 붉은 빛 비단인데, 혼례婚禮와 장례葬禮, 제례祭禮에 다 쓰인다. 속백束帛은 예물로 쓰는 묶은 비단이다. 여피儷皮는 한 쌍의 사슴가죽인데, 관례冠禮 또는 혼례婚禮의 폐백으로 사용된다.

5) 청기(請期)

납채 후에 신랑측에서 길일을 점쳐서 중매인을 통하여 신부측에 혼인날짜를 알리는 것이다. 형식상 신랑측에서 신부측에 혼인날짜를 정해줄 것을 청하는 것이므로 청기라 한다. "請成昏之期日(청성혼지기일)"이다.

6) 친영(親迎)

신랑이 예물을 가지고 직접 신부집에 가서 친히 신부를 맞이해 오는 의식이다. 한문으로는 "往迎歸至家(왕영귀지가)"라고 한다. 신랑이 신부를 신랑집에 맞이해 와서 결혼식을 했다. 하지만 오늘날은 이 의식을 줄여서 결혼식만 한다.

이와 같이 고대 중국에서는 이런 여섯 가지의 복잡한 절차를 밟았지만 후대로 가면서 변해진 것 같다. 송대宋代에 이르러 이전의 절차대로 행하지 않고 약간 변한 것으로 보인다. 주자朱子 ≪가례(家禮)≫에 따르면, 고례古禮에서는 문명問名 · 납길納吉이 있었는데, 지금 다 행하지 않아 납채納采 · 납폐納幣만으로 간편함을 따랐다고 한다. 납채와 납폐를 중요시한 것이다. 그러면서 혼례를 축소했는데, 의혼議昏 · 납채納采 · 납폐納幣 · 친영親迎의 네 가지가 그것이다. 의혼은 육례에서 나오지 않는 것으로, "반드시 중매인으로 하여금 왕래하여 말을 통해 보고 여자집에서 허락하기를 기다린 후에 납채한다."라고 했다. 여섯 가지에서 네 가지로 간소화한 것 같지만 그 기본은 여섯 가지나 네 가지나 동일하다.

예를 들면 ≪가례≫의 의혼은 혼인을 의논한다는 뜻이니, ≪의례≫의 납채와 문명이 여기에 해당하고, ≪가례≫의 납채는 채택하는 예를 받아들인다는 뜻이니, ≪의례≫의 납길과 청기가 여기에 해당한다. ≪가례≫의 납폐는 폐백을 드린다는 뜻이니, ≪의례≫의 납징이 여기에 해당하고, ≪가례≫의 친영은 ≪의례≫와 동일하다. ≪의례≫의 여섯 가지 절차를 ≪가례≫에서 네 가지로 축소한 것 같지만 그 골격은 그대로 유지하고 있다. 혼례의식의 변천 과정을 도표로 보이면 다음과 같다.

≪의례의 육례≫	≪가례≫	한국전통혼례	현대
납채·문명	의혼	청혼·허혼	결혼 약속
납길·납채	납채	사성·연길(涓吉)	사성·날받이
납징	납폐	납폐	예물 드림
친영	친영	친영 결혼	결혼

이와 같이 혼례 절차의 변천과정을 보면 처음 육례에서 송나라 때 네 가지로 간소화되고, 우리 전통혼례에서는 주로 ≪가례≫의 의식을 따랐으며, 현대에 이르러서도 큰 틀에서 보면 이 네 가지 의식을 벗어나지 않고 있다.

후대에 이르러 정중하게 혼인 절차를 밟았다는 뜻으로 육례를 갖추었다고 하지만, 그 본래의 정신을 살려서 한 말이지 실제로 육례를 다 갖추어 행한 것은 아니다. 그리고 우리나라에서는 고려말에 주자학을 받아들인 후로부터 우리의 예식을 주자 ≪가례≫에 따라 행하는 경향이 많았다. 상류층에서는 ≪가례≫가 예의 표준이 되었지만 하류층에서는 시대에 따라, 또는 지역에 따라 약간씩 변질되어 토착화되었다.

■ 혼례 때 아버지가 아들에게 술을 따라 주며
아내를 잘 맞이해 오라는 훈계의 말

─ 遂醮其子而命迎之(수초기자이명영지)
往迎爾相(왕영이상)하야 承我宗事(승아종사)하되
勉[1]率以敬[2](면솔이경)하고 若則有常(약즉유상)하라

〈어려운 말 풀이 및 해설〉

● ≪소학(小學)≫ "명륜(明倫)" 2에는, 1)은 勖(욱)자로, 2) 다음에는 "先妣之
嗣(선비지사－시어머니가 맡았던 제사를 대신 이어감)"가 더 있다.

● 약(若) : '너 약' 자이다.

[번역]

가서 너의 내조자를 맞이하여 우리 종사를 잇되 힘써 공경으로 선
도하여 너는 변함없는 덕이 있게 하여라.

■ 아들의 대답

諾(낙)다 惟恐不堪(유공불감)어 니 와
不敢忘命(불감망명)호 리 이 다

[번역]

예, 그렇게 하겠습니다. 다만 감당하지 못할까 두렵거니와 감히 명
령을 잊지 않겠습니다.

■ 혼례 때 아버지가
시집가는 딸에게 술을 따라 주며 훈계하는 말

－遂醮其女而命之(수초기여이 명지)
敬之戒之[1](경지계지)하 여
夙夜無違舅姑之命[2](숙야무위구고지 명)하 라

● ≪소학 · 명륜≫ 2에서는, 1)이 "戒之敬之(계지경지)"로 되어 있고, 2)에는 "舅姑之(구고지)" 세 글자가 없다.

[번역]
공경하고 경계하여 이른 아침부터 밤늦게까지 시부모님의 명령을 어기지 말라.

■ 어머니가 시집가는 딸에게 훈계하는 말

勉之敬之(면지경지) 하 여
夙夜無違爾閨門之禮(숙야무위이규문지례) 하 라

[번역]
힘쓰고 조심하여 이른 아침부터 밤늦게까지 너의 가정의 예법을 어기지 말라.

■ 아버지의 첩 · 고모 · 올케언니 · 여스승(유모)의 훈계하는 말

謹聽爾父母之言(근청이부모지언) 하 여
夙夜無愆(숙야무건) 하 라

〈어려운 말 풀이 및 해설〉
● 위에서 세 차례로 훈계하는 것은 "예는 세 번에 이루어진다(禮成於三)."라는 정신을 담은 것이다.

삼가 앞에서 말한 너의 부모님의 말씀을 새겨듣고 이른 아침부터 밤늦게까지 허물이 없게 하라.

2. 홀기(笏記)

혼례 때 의식의 순서를 적은 글

① 奠雁禮(전안례)

主人迎婿于門外[1](주인영서우문외) ○ **揖讓以入**[2](읍양이입) ○ **婿執雁以從**[3](서집안이종) ○ **至于廳事**[4](지우청사) ○ **北向跪**(북향궤) ○ **置雁於地**[5](치안어지) ○ **主人侍者受之**[6](주인시자수지) ○ **婿俛伏興再拜**[7](서면복흥재배) ○ **主人不答拜**[8](주인불답배)

〈어려운 말 풀이 및 해설〉

1) 사위를 맞이해 들어갈 때 주인이 읍(揖)을 한다.
2) 사위는 얼굴을 가리는 사선(紗扇)을 손에 들고 있기 때문에 목례로 답하는 경우가 많다. 그리고 기러기를 든 사람은 신랑의 오른쪽에서 약간 뒤에 따른다.
3) 사위가 직접 기러기를 들지 않고 시종자가 대신 든다. 그리고 기러기의 머리가 왼쪽으로 가게 드는데, 음양의 개념에서 왼쪽이 양이고, 머리가 양이기 때문에 양의 뜻을 취한 것이다.
4) 청사(廳事) : 혼례를 올리는 혼례청.
5) '지(地)'라고 하지만 상위에 놓는다.
6) 신부집 시종자가 받으려 함. 받아서 주인에게 전하려는 뜻임.
7) 사위가 엎드렸다가 일어나 두 번 절함.
8) 주인은 이에 대해 답배(答拜)하지 말 것.

주인은 문밖에 나가 사위를 맞이하시오. ○ (신랑은 동쪽으로 주인은 서쪽으로 향하여(婿東面 主人西面), 주인과 사위는 서로) 읍(揖)하고 사양하면서 들어가시오. ○ 사위는 기러기를 들고 따라들어 가시오. ○ 혼례청으로 들어가시오. ○ 북쪽을 향해 꿇어앉으시오. ○ 기러기를 땅에 놓으시오. ○ 주인시자는 그것을 받으시오. ○ 사위는 머리를 숙이고 엎드렸다가 일어나 두 번 절하시오. ○ 주인은 답으로 절하지 마시오.

이상이 기러기를 예물로 드릴 때의 진행순서이다. "올릴 전奠" 자와 "기러기 안雁" 자를 쓴다. 즉 기러기를 올린다고 해서 "전안례奠雁禮"라 한다. 결혼의 시작에 예물부터 올리는 것이다.

여기서 전안례의 의미부터 알아야 한다. 전안례는 신랑이 예물을 가지고 가서 신부에게 드리고 신부를 맞이해 오는 친영親迎으로 육례六禮 중의 하나이다. 따라서 "婿北向再拜(서북향재배)"라 하여 신랑이 북쪽으로 향하고 두 번 절하는 것은 안방에 있는 신부에게 예물을 드리며 하는 절이다. 이를 두고 ① 북쪽에 있는 임금을 향해 하는 절, ② 북두칠성을 향해 하는 절, ③ 하느님을 향해 하는 절, ④ 주인을 향해 하는 절 등등 구구한 설이 있다. 특히 민중서림에서 나온 ≪한한대자전(漢韓大字典)≫에서까지 "하느님께 재배하는 예"라고 했다. 이것은 모두 잘못된 설명이다. 전안奠雁은 신부에게 하는 것이기 때문에 전안하면서 하는 절은 자연히 신부에게로 돌아간다. 이를 두고 ≪소학·명륜≫ 2에서는 "예물을 가지고 서로 만나는 것은 공경하여 분별을 밝히는 것이다.(執贄以相見 敬章別也)"라고 했고, 여기에 주석을 붙여 "예물을 가지고 간 것[執贄]은 기러기를 올리는 것이다.(執贄奠雁也)"라고 했다. 이 기러기는 처음에는 살아 있는 것을 사용했으나 사정에 따라 나무로 만든 것을 사용하기도 했다.

중국 사람들은 처음 만나는 사람에게 신분에 따라 꼭 예물이 있었다. 또 사위가 북향재배北向再拜한 다음에 주인은 이에 대해 답배答拜하지 않는다고 했다. 그 이유를 ≪가례증해(家禮增解)≫에서 밝혀 놓았다. 이에 따르면 납채納采 등의 예에 모두 주인이 절하라고 되어 있는데, 유독 여기에서 답배를 하지 말라고 한 것은 "사위가 딸에게 기러기를 올리며 하는 절이기 때문이요, 주인을 위해서 하는 절이 아니기 때문에 주인은 답배하지 않는 것을 밝힌 것이다.(明婿拜爲授女 不爲主人故不答)"라고 했다. 뿐만 아니라, 이 책에서 사위가 북쪽으로 향해 절했을 때, 왜 주인이 답배하지 않느냐고 묻자, 주자朱子는 "이는 곧 전안奠雁을 위한 절이므로 주인은 자연히 답배하지 않는다.(朱子曰 乃爲奠雁而拜 主人自不應答拜)"라고 했다. 이런 것을 근거로 해서 보더라도 신랑의 재배는 기러기를 신부에게 올리며 하는 재배라는 것을 확인할 수 있다.

그리고 기러기를 예물로 하는 이유는, 기러기는 "음양 계절을 따라 왕래하고(取其順陰陽往來之義)", "배우자를 두 번 바꾸지 않는 것을 취한 것이다.(程子曰 取其不再偶也)"라고 했다. 결국 전안례는 기러기를 가지고 신부집에 가서 신부에게 예물로 올리고 신부를 맞이해 오는 친영親迎이며, 신랑집에 가서 교배례交拜禮를 행하는 것이다. 따라서 전안례는 신부집에서 행하고, 교배례는 신랑집에서 행했다.

우리나라에서는 고례古禮에 남자가 여자 집에 장가가는 소위 남귀여가男歸女家의 풍습과 혼용하여 이처럼 나누어서 행하는 경우도 있었지만 대부분 신부집에서 전안례와 교배례를 함께 행했다. 하지만 지금은 전통혼례식장에서 행하고 있다. 우리가 전통혼례식이라 하지만 실은 주자 ≪가례≫를 근간으로 하여 부분적으로 우리의 정서가 녹아 있을 뿐이다.

② 交拜禮(교배례)

姆導婦出[1](모도부출)○**婦從者**[2]**布婿席於東方**(부종자포어 석어동방)○**婿從者**[3]**布婦席於西方**(서종자포부석어서방)○ **婿東婦西**[4](서동부서)○**婿盥**[5]**于南婦從者沃**[6]**之進帨**(서관 우남부종자옥지진세)○**婦盥于北婿從者沃之進帨**[7](부관우 북서종자옥지진세)○**婿揖婦就席**[8]**婦先二拜**[9](서읍부취석부 선이배)○**婿答一拜**[10](서답일배)○**婦又二拜**(부우이배)○**婿 答一拜**(서답일배)

※ 신랑이 전안례를 마치면 상 동쪽으로 자리를 옮김

〈어려운 말 풀이 및 해설〉

1) 신부가 방에서 나올 때, 혼수를 묶어갔던 흰 짐방베를 깔아놓고 그 위로 내려옴.
2)와 3)의 시종자는 대개 여시종임.
4) 사위는 동쪽, 신부는 서쪽 : 오늘날 음양의 개념으로 신랑이 동쪽 에 서는 것이 아니다. 중국의 당(堂)은 동서 양쪽에 각기 층계가 있어서, 손님은 서쪽에서, 주인은 동쪽에서 올라간다. 따라서 동 쪽은 주인의 자리다. 전통혼례에서 전안례(奠雁禮)를 신부집에서 마치고 신부를 맞이해[親迎] 가서 신랑집에서 교배례(交拜禮)를 행하는 것이다. 따라서 주인인 신랑이 동쪽편에 서는 것이다. 우 리나라는 후대에 와서 신부집에서 전안례와 교배례를 함께 행하 면서 옛 인습을 따라 그대로 신랑이 동쪽에 서게 되었다.
5) 관(盥) : '씻을 관' 자이다. 요즘은 신랑이 물에 손만 약간 담가보 고 말지만 본래는 실제로 손을 씻는 것이다.
6) 옥(沃) : '물댈 옥' 자로 그릇에 물을 붓는 것이다.
7) 지금은 신부도 관세(盥洗) 때 손만 물에 담가보지만 본래는 신부 도 손을 씻는 것이다.

8) 사위가 신부에게 읍(揖)하고 본래의 자리에 나아감 : 중국 사람
    은 모든 행동을 시작할 때마다 공경의 뜻으로 반드시 읍을 한다.
    여기서 신부에게 읍하는 것은 신랑이 손을 씻기 위해 남쪽편에
    갔으므로 그 자리에서 돌아서 신부에게 본래의 자리로 돌아가
    서자는 뜻이다.
9) 신부가 먼저 두 번 절을 하면 신랑은 공경의 뜻으로 서서 절을 받는다.
10) 신랑이 답배할 때 신부 역시 서서 절을 받는다.
※ 신랑은 한번 절할 때, 신부는 왜 두 번 절을 하는가? 이는 남존여
    비 사상에서 온 것이 아닌가 하는 의문을 많이 가진다. 하지만 음
    양의 개념에서 보면 1은 양수이고, 2는 음수이다. 따라서 남자는
    양이니 한번 절하고, 여자는 음이니 두 번 절한다고 한다. 한편,
    이와 달리 여자는 머리에 꾸민 것[首飾]이 많아 완전한 절이 되
    지 못하기 때문에 남자가 한번 절할 때 여자는 두 번 절해야 한다
    고도 한다.

[번역]

여스승이 신부를 인도하여 나오시오. ○ 신부의 시종자는 사위의
자리를 동쪽에 펴시오. ○ 사위의 시종자는 신부의 자리를 서쪽에 펴
시오. ○ 사위는 동쪽에, 신부는 서쪽에 서시오. ○ 사위는 남쪽에서
손을 씻고, 신부의 시종자는 그릇에 물을 붓고 수건을 드리시오. ○ 신
부는 북쪽에서 손을 씻고, 사위의 시종자는 그릇에 물을 붓고 수건을
드리시오. ○ 사위는 신부에게 읍(揖)하고, 자리에 나아가시오. ○ 신
부가 먼저 두 번 절하시오. ○ 사위가 답으로 한 번 절하시오. ○ 신부
가 또 두 번 절하시오. ○ 사위가 답으로 한 번 절하시오.

교배례交拜禮는 글자 그대로 서로 절하는 상견례相見禮로 현대 결혼
식의 "맞절"에 해당한다. "교交는 서로 교" 자이기 때문이다. 전안례가
처음으로 예물을 드리는 일이라면, 다음 단계로 서로 인사를 나누는
것이다. 즉 부부가 만나 첫인사를 나누는 것이 바로 교배례인 것이다.

절을 할 때, 남자는 양수陽數인 1로 시작하기 때문에 한 번 절하고, 여자는 음수陰數인 2로 시작하기 때문에 두 번 절한다. 아주 정중한 자리에서는 이것을 배수倍數로 하여 남자는 재배再拜, 여자는 사배四拜를 한다. 혼례는 부부가 처음 만나 인사를 나누는 중요한 첫인사인 만큼 관례에 따라 신랑신부가 각각 재배와 사배를 하는 것이다.

하지만 대체로 신부가 먼저 2배 하면 신랑이 답으로 1배 하고, 신부가 또 2배 하면 신랑이 답으로 또 1배를 한다. 결국 합하면 신부가 4배 하고, 신랑이 2배 한다. 이처럼 신부 4배와 신랑 2배를 한꺼번에 하지 않고, 본 홀기에서처럼 신부가 2배, 신랑이 1배, 다시 신부가 2배, 신랑이 1배를 하는 식으로 신랑신부를 뒤섞어 끼어서 번갈아하는 절을 "협배俠拜"라고 한다. 그만큼 남녀의 예를 친근하게 하면서 정중히 행하는 것이다.

③ 巹杯禮(근배례)[11]

婿揖婦就坐[12](서읍부취좌) ○ 從者斟酒設饌[13](종자침주설찬) ○ 婿揖婦祭酒擧飲擧殽[14](서읍부제주거음거효) ○ 又斟酒[15](우침주) ○ 婿揖婦擧飲不祭無殽[16](서읍부거음불제무효) ○ 又取巹分置婿婦之前斟酒[17](우취근분치서부지전침주) ○ 婿揖婦擧飲不祭無殽(서읍부거음불제무효) ○ 禮畢撤床(예필철상)

〈어려운 말 풀이 및 해설〉

11) 부부간에 빈주(賓主)의 차별이 없이 음식을 같이 먹는 것을 동뢰(同牢)라 하는데, 근배례도 처음으로 함께 음식을 나누어 먹는 의미다.

12) 사위와 신부가 마주 앉는다. 족두리 앞에 가리는 항건은 끝까지 쓰고 있다가 마지막에 상객(上客, 주로 신랑 아버지)이 신부 얼굴을 볼 수 있게끔 조금 벗어 보인다. 하지만 이때는 같이 앉아서 음식을 먹어야 하므로 조금 벗기도 한다.

13) 상위에 술을 붓고 음식 뚜껑을 연다.

14) 사위와 신부가 각각 술을 땅에 조금 붓고 안주를 탁자 위에 둔다. 이것은 음식을 먹기에 앞서 처음 음식을 만든 사람에게 고마움을 표하는 예다. 그리고 신랑신부가 함께 술을 마신다. 옛날에는 주량대로 다 마셨지만 지금은 형식만 남아서 입만 대어 보고 만다.

15) 본래는 술을 다 마신 빈 잔에 술을 붓는 것이지만, 술이 조금 남았더라도 시자가 남은 술에 첨주한다.

16) 사위가 신부에게 읍을 한다는 것은 사위가 스스로 마시면서 신부로 하여금 함께 마시자는 뜻이다. 이때에도 다 마시는 것이지만, 마시는 척 입만 대고 만다.

17) 시속에 근배에 술을 부어 신랑과 신부의 것을 서로 바꾸면서 신랑의 것은 큰 상의 오색실 위로, 신부의 것은 오색실 아래로 교환해 올린다.

[번역]

사위는 신부에게 읍(揖)하고, 자리에 나아가시오. ○ 시종자는 술을 따르고 음식을 차리시오. ○ 사위가 신부에게 읍하고 술을 땅에 조금 붓고, 술을 들어 마시며 안주를 드시오. ○ 또 술을 따르시오. ○ 사위가 신부에게 읍하고 술을 들어 마시며, 술을 땅에 붓지 말고 안주도 들지 마시오. ○ 또 근배(巹杯, 巹은 '합환주잔 근' 자로, 혼례 때 신랑신부가 서로 바꾸어 마시는 술잔)를 가져와 나누어서 사위와 신부 앞에 놓고 술을 따르시오. ○ 사위가 신부에게 읍하고 술을 들어 마시며, 술을 땅에 붓지 말고 안주도 들지 마시오. ○ 예를 마쳤으니 상을 치우시오.

과거의 전통혼례는 시작할 때 예물을 드리는 전안례를 행하고, 다음으로는 서로 인사를 교환하는 교배례를 행하며, 마지막으로 음식을 나누어 먹는 근배례를 행함으로써 예식을 끝맺는다. 옛날에 부부가 "살아서는 같은 그릇에 밥을 먹고, 죽어서는 같은 묘혈墓穴에 묻힌다. (生則同牢, 死則同穴)"고 했다. 같은 그릇에 밥을 먹는 것을 그만큼 중요시했던 것이다. 따라서 결혼식도 예물을 드리는 전안례로 시작하여, 한 술잔의 술을 둘이 나누어 마시는 근배례로 끝을 맺는다.

필자가 1991년 대만台灣에 갔을 때, 그 곳의 모 교수가 『의례(儀禮)』의 혼례를 재현하여 비디오를 만들었다. 그러나 만들고 보니 오류가 많다고 하여, 대만의 국내는 물론이거니와 외국으로의 유출도 엄금하는 바람에 비행기로 가지고 나가기도 어려울 정도였다. 하지만 다행히도 가지고 나와 영상을 확인해 본 결과 우리 전통혼례와는 아주 다른 면을 볼 수 있어 필자에게는 좋은 경험이 되었다.

거기에는 그들 생활상의 한 모습이 그대로 반영되어 있음을 엿볼 수 있었다. 예를 들면 우리는 혼례 때 손을 씻는 데 있어 형식적으로 손가락만 물에 조금 담갔다가 말지만, 대만에서 만든 비디오에서는 그릇에 물을 부어 놓고 우리가 세수하듯이 씻었다. 음식을 나누는 것도 우리는 단지 술을 입에 대보는 것만으로 대신하지만, 그 비디오에서는 우리가 식탁에 앉아 밥을 먹듯이 부부가 자유로이 앉아 음식을 나누어 먹고 있었다. 결국 예禮는 생활의 질서를 지키는 것인데, 그들은 자유분방하게 예를 행하는 반면, 우리는 지나치게 조심하며 그 형식만을 지키는 방향으로 흐르는 것 같았다.

위에서 말한 전통혼례의 순서를 요약해 보면, 혼례는 예물을 드리는 전안례, 첫인사를 교환하는 교배례, 즉 맞절, 그리고 마지막으로 같은 그릇에 음식을 나누어 먹는 근배례, 이렇게 세 단계를 거친다.

3. 혼서지(婚書紙) 접는 법과 사용법

혼례 때 사용하는 간찰지簡札紙는 가급적 한지韓紙를 사용하는 것이 예스럽고 전중해 보인다. 한지 간찰지는 접는 방법과 사용하는 방법이 있는데, 그것을 모르고 함부로 사용하면 도리어 실례로 여겼다. 그 접는 방법을 모르면 차라리 필방筆房에서 만들어 놓은 것을 사서 쓰면 된다. 요즘은 모든 것이 전문화되어 있기 때문이다.

옛날 간찰지는 대개 7폭과 8폭을 많이 사용하며, 봉투의 접은 선은 오른 편에서 왼편으로 향하게 했다. 음양관에서 보면 오른편은 음陰이고, 왼편은 양陽이기 때문이다. 숫자에 있어서는 홀수인 1, 3, 5, 7, 9는 양수陽數라 하고, 짝수인 2, 4, 6, 8, 10은 음수陰數라고 했다. 입춘立春날에 기둥에 써 붙이는 춘첩春帖에 건양다경建陽多慶이란 말이 있듯이 양수는 길사吉事에 해당하고, 음수는 흉사凶事에 해당한다. 따라서 혼사와 같은 길사에는 간찰지도 양수에 해당하는 7폭을 많이 사용하고, 상사喪事와 같이 흉사를 알리는 부고訃告는 음수에 해당하는 6폭을 많이 사용했다. 그리고 봉투를 접는 선도 길사의 봉투와 반대로 왼편에서 오른편으로 접어서 봉하기 때문에 좌봉서左封書라고 한다. 하지만 간찰지를 접으면 기본이 8폭이 되므로 혼서도 8폭을 많이 사용한다. 이는 선비들이 이런 사소한 데까지 구애받지 않았기 때문이다.

그런데 편지는 길이에 따라 두 가지로 나눌 수 있다. 학문을 논하는 긴 편지와 기후의 춥고 더움에 따라 안부를 묻는 한훤찰寒暄札이 그것이다. 전자는 사연이 길기 때문에 장찰長札이라 하고, 후자는 길이가 짧기 때문에 단찰短札이라 한다. 이 단찰은 한훤寒暄에 따라 안부를 묻는다고 해서 한훤찰寒暄札이라고도 한다. 장찰은 편지지의 첫 폭부터 써가도 되지만, 단찰은 그 나름의 써 나가는 형식이 있다. 왜냐하면 장찰은 내용이 중요하지만, 단찰은 내용을 거의 다 알고 있기 때문에 미적美的 감각을 중요시했기 때문이다. 즉 단찰短札은 어디서 시작하여 어디서 끝내며, 여백은 어느 정도를 남길 것인가 하는 시각적인 구도構圖를 중요시 하는 것이다. 따라서 옛날 어느 정도 재산이 있고 견문이 있는 집안에서는 봉투 접는 전문 직업인이 있어서 간찰지를 수백 장 접어두고, 글씨는 물론이거니와 구도에 맞게 매일 연습을 했다고 한다. 그런 편지를 보면 마치 한 폭의 동양화를 보는 듯한 예술적 감동을 받는다.

그러므로 간찰지를 사용하는 방법에 대해서도 알아야 한다. 간찰은 처음 시작하는 폭은 백지로 남겨두고 다음 폭부터 쓴다. 이렇게 쓰다가 끝까지 가서 쓸 곳이 없으면 다시 맨 앞쪽의 비워둔 폭에 되돌아가서 쓴다. 이때는 본문과 구분하기 위하여 본문보다 한 글자 정도 낮추어서 쓴다. 이 폭에도 다 쓰고 나면 본문 사이에 쓰는데, 역시 한 글자 낮추어 쓴다. 그러면 종이도 절약되고 미적 효과도 더해진다.

지금까지 혼서 편지지의 일반적인 사용법에 대해 알아보았다. 이제 이보다 한 단계 높은 수준의 편지지 사용법 하나를 더 보기로 하자.

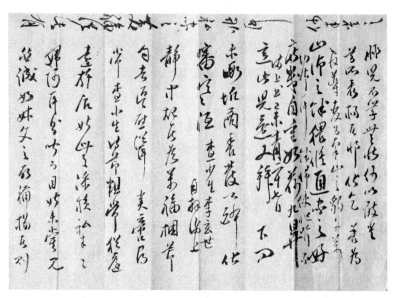

<편지지를 잘 사용한 예(例)>

　위에 소개된 편지를 보아 알 수 있듯이 전 지면을 활용하면서 공백
이라고는 없다. 하지만 순서가 정연하여 하나도 흐트러짐이 없이 아
주 예술적인 감각을 느낄 수 있다. 여기서 유의할 점은 쓰는 순서를 모
르면 판독하기가 어렵다는 것이다. 편의상 이 순서에 번호를 붙여보
자. 이 번호에 따라 읽으면 조금도 어려움이 없을 것이다.

　편지지를 사용할 때 첫 폭은 백지로 남겨두고, 다음 폭부터 쓴다는
것은 앞에서 보았다. 그리고 그 다음 폭부터 ①번으로 시작하여 끝까
지 다 쓰고, 쓸 데가 없으면 ②번으로 상단의 공백에 쓰면서 오른쪽에
서 왼쪽으로 향해 끝까지 쓴다. 왜 왼쪽부터 먼저 쓰느냐 하면 좌우라
고 할 때 좌가 먼저이며, 또 좌편이 양陽이기 때문이다. 왼편에 다 쓰고
종이가 모자라면 ③처럼 상단 왼쪽에서 오른쪽으로 써 간다. 여기도
다 쓰고 나면 ④처럼 편지지에 남겨둔 첫 폭의 공백에 쓰기 시작한다.

여기에 쓸 때 유의할 점은 원문과 쉽게 구분할 수 있게끔 글씨는 편지의 원문보다 약간 작게, 글줄은 조금 낮추어 쓴다. 이렇게 써서 첫 폭 백지도 다 쓰고 나면, 이어서 ⑤처럼 원문의 사이줄을 써가서 안부를 묻는 "伏(未)審" 앞줄까지 가서 연월일을 다 쓰고, "伏(未)審" 아래 여백에 발신자의 성명을 쓴다. 이렇게 쓴다고 할 때 본 편지에서는 한 줄이 모자라는 셈이다.

편지가 왜 이렇게 까다로울까. 그것은 내용의 압축과 고도의 형식미를 갖춘 글이기 때문에 그렇게 하지 않을 수 없다. 즉 공백을 잘 활용하여 형식미를 살리며 마음껏 멋을 부렸기 때문이다. "심부름하는 사람이 출발하기 때문에 바빠서 할 말을 다하지 못했다"는 말도 이 형식미를 살리기 위한 기교에 불과하다. 이렇게 글을 쓰려면 얼마나 많은 노력을 기울였을까. 예사 노력으로는 불가능할 것이다. 이 편지의 전문을 탈초脫草하여 순서대로 정리해서 보이면 다음과 같다.

④豚兒不學無狀何以敢當
尊所表揚者耶伏乞善爲
教導變爲南山之豹千萬
耳
①山仰之餘猥修通家之好
庶幾自重如荷九鼎
⑤切仰耳餘歸使忙發不
備上書己未十一月二十七日
適此兒還又拜 下問
未暇圻函喜發心醉伏
查少生李玄世
再拜謝上
審寒沍
私
慶靜中起居候萬福梱節
福勻吉區區慰聳羹管尋
常查小生侍節粗常猶
從遠旅后姑無添損私幸私幸
此婦阿耳則聞而目姑未嘗見
有然誠如叔之所稱揚者則

 태산처럼 우러르던 나머지 외람되이 혼인의 좋은 인연까지 맺으니, 자중(自重)하기가 구정(九鼎)을 어깨에 멘 것과 같습니다. 마침 이때 아이가 돌아오는데, 또 하문(下問)하심을 받고 아직 편지를 열어보지도 않았는데 기쁨이 넘쳐 마음이 취합니다. 삼가 살피건대 추위에 정양(靜養) 중 기거후(起居候) 만복(萬福)이 함께 하시며 집안 모두 평안하시다니, 저의 작은 정성에 위안됨이 어찌 보통 정도뿐이겠습니까? 사소생(査小生)은 부모님 모시고 그런대로 평상시와 같이 지냅니다. 숙부님께서는 먼 그 곳에 다녀오신 후 아직 더하고 덜한 변동이 없으니 사행(私幸)입니다. 며늘아이는 귀는 들으나 눈은 아직 보지 못한다고 하지만 숙부님의 칭찬대로라면 저의 집안의 경사스러운 복이 이로부터 조짐이 있으니 얼마나 다행한 일이겠습니까?

 우리집 아이는 돼지같이 미련한데다가 배우지 못하고 선행도 없는데 어찌 그 쪽에서 칭찬하는 바를 감당하겠습니까? 삼가 바라건대 잘 가르치고 지도하여 남산(南山)의 표범처럼 변화시키기를 천만번 간절히 바랍니다. 나머지는 돌아가는 심부름꾼이 바쁘게 출발하므로 다 갖추지 못하고 글월 올립니다.

기미 11월 27일
사소생(査小生) 이현세(李玄世)
재배(再拜)하며 답서 올립니다.

II. 혼서(婚書)의 종류

1. 청혼 편지 [請婚書]

○ 청혼편지는 왜 중매인이나 집사에게 보내는가?

청혼 편지는 신랑측에서 먼저 신부측에 보낸다. 이것은 강선剛先, 곧 양선陽先을 뜻하는데, 음양의 개념으로 볼 때 남선어녀男先於女이다. 남자측에서 여자측보다 먼저 한다는 것이다. 이 편지는 신랑측 혼주가 신부집 혼주에게 직접 하지 않는다. 청혼을 했다가 거절당하면 서로가 미안하기 때문이다. 형식상으로는 중매인에게 청혼서를 보내든지, 그렇지 않으면 신부집 집사에게 보낸다. 하지만 그 편지를 받은 사람은 신부집 혼주에게 전하게 된다. 형식상으로는 다른 사람에게 보낸 편지이지만 사실은 신부집 혼주에게 전하는 것이다. 편지 내용은 다음과 같다.

　　　伏惟*孟春*(복유맹춘)
　　尊體*動止*萬重仰漵*區區*第*家兒(존체동지만중앙소구구제가아)
　　　親事*年及加冠*尚無合處近聞(친사년급가관상무합처근문)
　　　某洞某氏家 閨養*淑哲云能(모동모씨가 규양숙철운능)
　　　其勸誘使結秦晋*之誼如何餘(기권유사결진진지의여하여)
　　　不備禮 謹拜上狀(불비례근배상장)

壬申十月十五日(임신시월십오일)

金海后*金炳國再拜(김해후김병국재배)

<〈어려운 말 풀이 및 해설〉>

- 복유(伏惟) : 삼가 생각건대.
- 맹춘(孟春) : 계절에 따라 달리 쓴다. 4계절에 첫째달은 맹(孟), 둘째달은 중(仲), 끝달은 계(季)이다. 즉 맹춘(孟春), 중춘(仲春), 계춘(季春)이 그 예다. 여름, 가을, 겨울도 이와 같다.
- 존체(尊體) : 남의 몸에 대한 존칭. 상대방을 높인다는 뜻으로 글자를 한 자 높여 썼다. 하지만 글줄만 바꾸어 써도 높이는 뜻이 되므로 글자까지 높이지 않아도 된다.
- 동지(動止) : 동작
- 만중(萬重) : 매우 잘 보중(保重)한가.
- 앙소(仰溸) : 우러러 하소연하다. 소(溸)는 소(㳇), 소(遡), 소(愬)자와 통용(通用)하는데, '하소연할 소' 자이다. 편지에서 자신의 뜻을 말하는 것을 낮추어서 "하소연"이라고 한다. 이 "앙소"라는 단어 때문에 이 문장은 의문문이 된다.
- 구구(區區) : 본래 작은 모양이란 뜻인데, 변하여 자기의 겸칭으로 쓴다. 따라서 "앙소구구(仰溸區區)"는 "우러러 저의 작은 정성을 말씀드립니다."라는 말이다.
- 제(第) : '다만 제' 자로 읽는다.
- 친사(親事) : 혼사(婚事)
- 가관(加冠) : 관례(冠禮)를 행하고 관(冠)을 씌움.
- 규양(閨養) : 규중(閨中)에서 길러냄.
- 진진지의(秦晉之誼) : 춘추시대(春秋時代)의 진(秦)과 진(晋) 두 나라가 대대로 혼인을 하였으므로 이에 비유하여 혼인의 호의(好誼)를 일컫는다.
- 임신(壬申) : 연월일은 한 글자 낮추어 쓰든, 본문과 같이 쓰든 큰 의미가 없다. 다만 눈에 잘 띄게 한 글자 낮추어 쓰는 것이 일반적인 경향이다.
- 김해후(金海后) : 김해후인(金海后人)이란 뜻으로 본관이 김해김씨란 뜻이다.

[번역]

삼가 여쭙습니다. 이른 봄에

존체(尊體) 만안하십니까? 우러러 저의 작은 정성을 말씀드립니다. 다만 저희집 아이의 혼사는, 나이가 장가들일 때가 되었으나 아직껏 마땅한 곳이 없었습니다. 근자에 들으니 ○○동리에 사는 ○○○ 씨 댁에 규수가 현숙하고 훌륭하다고 하니 될 수 있으면 그 댁에 권유하여 저희와 혼인을 맺게 해주는 것이 어떠하겠습니까? 나머지는 예를 다 갖추지 못합니다. 삼가 절하며 글월 올립니다.

　　　임신년 10월 15일

　　　김해 후인(后人) 김병규 재배

　　※ 주의

　　"어떠하겠습니까?(如何)" : 한문에서는 정중한 일일수록 단정적인 표현을 피하고 상대방의 뜻을 존중하는 뜻으로 이렇게 쓴다.

2. 허혼 편지[許婚書]

청혼 편지를 받고 특별히 거절할 사유가 없으면 허혼을 하게 된다. 허혼서는 아래와 같다.

① 허혼 편지[許婚書]

伏惟春元(복유춘원)

尊體動止萬重仰慰區區第女兒(존체동지만중앙위구구제여아)

親事不鄙寒陋如是勤勸敢不(친사불비한누여시근권감불)

聽從餘不備伏惟(청종여불비복유)

尊照 謹拜上狀(죤조근배상장)

壬申十月十五日(임신시월십오일)

密陽后朴大衆再拜(밀양후박대중재배)

〈어려운 말 풀이 및 해설〉

● 앙위(仰慰): 우러러 위안이 됩니다. 이 "앙위"라는 단어 때문에 이 글은 긍정문이 된다.

● 존조(尊照) : 존자(尊慈)께서 잘 비추어 보살펴 주시기 바람.

[번역]

삼가 여쭙니다. 이른 봄에
존체 만안하시다니 저의 작은 정성 우러러 위안됩니다. 다만 저의 딸 혼사는 한미(寒微)한 저를 낮추어보지 않으시고 이토록 힘써 혼인을 권해 주시니 감히 따르지 않겠습니까? 나머지는 예를 다 갖추지 못합니다. 삼가 바라건대
존자(尊慈)께서 살펴주십시오. 삼가 절하며 글월 올립니다.
임신 10월 15일
밀양 후인 대중 재배

② 허혼 편지[許婚書]

李玟浩拜(이민호배)

久擬芝蘭之襲*兼(구의지란지습겸)

承蔦蘿之托*感荷(승조라지탁감하)

良深謹詢小春*(양심근순소춘)

尊體*萬相*仰溯區區(존체만상앙소구구)

者至第*禮事*柱單*(자지졔례사주단)

書示如何餘謹不(서시여하여근불)

備伏惟(비복유)

尊照(존조)　　　上狀(상장)

己未十月晦日(기미시월회일)

〈어려운 말 풀이 및 해설〉

- 지란지습(芝蘭之襲) : 지초와 난초의 향기가 젖어들어 옴. 친구 사이의 청아(淸雅)하고 고상(高尙)한 교제를 지란지교(芝蘭之交)라고 한 것에서 온 말.
- 조라지탁(蔦蘿之托) : 형제와 친척이 서로 감싸주고 의지하여 따른다는 뜻을 비유한 ≪시경(詩經)≫의 "소아(小雅) <기변(頍弁)>장(章)의 "조(蔦)와 여라(女蘿)가 소나무 위에 뻗어 있도다(蔦與女蘿, 施于松上)"에서 온 말.
- 소춘(小春) : 음력 10월 경
- 존체(尊體) : 남의 몸에 대한 존칭. 상대방을 높이는 의미에서 한 글자 올려 썼다. 이렇게 많이 올리지 않고 글줄만 바꾸어도 존경의 뜻이 된다.
- 만상(萬相) : 아주 편안하다는 만안(萬安)과 같은 말. 신의 도움으로 아주 편안하다는 신상만안(神相萬安)에서 온 말.
- 제(第) : '다만 제'
- 예사(禮事) : 혼례(婚禮)의 일.
- 주단(柱單) : 신랑의 사주(四柱), 사주단자(四柱單子)의 줄인 말, 단자는 남에게 보내는 내용을 적은 종이, 즉 신랑이 출생한 연(年)·월(月)·일(日)·시(時)를 적은 종이.

[번역]

이민호 배

오랫동안 좋은 친구 사이가 되려 했는데 겸하여 사돈이 되자는 부

탁을 받으니 감사한 마음 참으로 속 깊이 느껴집니다. 삼가 여쭙건대 이 소춘에

존체 매우 편안하십니까? 우러러 지극히 작은 정성의 소원입니다. 다만 저의 딸 혼사는 사성(四星)을 써 보내는 것이 어떻겠습니까? 나머지는 삼가 예를 갖추지 못합니다. 삼가 바라옵건대 존자(尊慈)께서 보살펴 주십시오. 글월 올립니다.

　　기미 10월 그믐날

　　※ 성명은 연월일을 다 쓰고 마지막 끝에 쓰는 것이 상례이다. 하지만 짧은 혼서 같은 데서는 시각적인 효과를 보이기 위해서 성명을 맨 앞에 쓰는 일이 많다.

③ 허혼 편지[許婚書]

金貞植二拜(김정식이배)

戊辰二月七日(무진이월칠일)

玉音*不遲氷語*隨至(옥음불지빙어수지)

感戰難容伏惟和昫(감집난용복유화구)

靜體候萬衛*仰溸且(정체후만위앙소차)

祝就親事* 金諾*鄭(축취친사 금낙정)

重深感不鄙之 盛(중심감불비지 성)

意*柱單*書示之如何(의주단서시지여하)

餘謹不備伏惟(여근불비복유)

〈어려운 말 풀이 및 해설〉

- 옥음(玉音) : 남의 음신(音信)의 미칭.
- 빙어(氷語) : 혼인 중매하는 사람의 말.

- 만위(萬衛) : 만안(萬安)과 같다. 신의 도움으로 매우 편안함(神衛萬安)의 뜻.
- 금낙(金諾) · 성의(盛意) 등 한 자 띄운 것은 상대방을 높이기 위한 것임. "금낙"은 천금처럼 귀중한 승낙이라는 뜻.
- 주단(柱單) : 사주단자(四柱單子)

[번역]

김정식 재배

무진 2월 7일

옥음(玉音)이 저를 멀리하지 않았는데 중매의 말이 뒤따라 이르러 오니 감격함을 받아드리기 어렵습니다. 삼가 여쭙건대 따뜻하고 아늑한 이 봄날씨에
조용히 양생하시는 체후(體候) 매우 편안하십니까? 우러러 작은 정성을 말씀드리고 또 빕니다. 아뢰올 말씀은 저의 딸 혼사는 귀중하신 승낙이 정중하시니 저를 낮추어보시지 않는 뜻에 매우 감사드립니다. 사성(四星)을 써 보내어 주시는 것이 어떻겠습니까? 나머지는 삼가 예를 갖추지 못합니다. 삼가 살펴주시기를 빕니다.

④ 허혼 편지[許婚書]

密陽后人朴英祐拜上(밀양후인박영우배상)

伏承華翰凭審(복승화한빙심)

冬寒(동한)

尊體動止候連護萬(존체동지후연호만)

重諸節亦得均善仰(중제절역득균선앙)

賀區區無任下誠之(하구구무임하성지)

至就親事勤導至此(지취친사근도지차)

敢有携意此意通于(감유휴의차의통우)

彼家如何(피가여하)

餘不宣伏惟(여불선복유)

[번역]

밀양 후인 박영우 배상
삼가 화한(華翰)을 받들어 보고 추운 겨울에
존체후(尊體候) 연이어 보호하여 만안하시고 제절(諸節)도 역시 모두
편안하시다는 것을 살펴 알고 우러러 작은 저의 정성으로 축하합니
다. 아뢸 말씀은, 저의 딸의 혼사를 부지런히 인도하여 이에 이르렀
으니 감히 다른 생각이 있겠습니까? 이 뜻을 저쪽 신랑될 사람의 집
에 알려주는 것이 어떻겠습니까? 나머지는 다 말씀드리지 못합니다.
삼가 살펴주시기 바랍니다.

⑤ 허혼 편지[許婚書]

敬仰 高風瞻仰常切(경앙 고풍첨앙상절)

謂外屢使媒妁還庸主(위외누사매작환용주)

臣*伏不審仲冬(신복불심중동)

尊體百福第婚議幸因氷(존체백복제혼의행인빙)

語許以連楣之樂倘或(어허이연미지락당혹)

不鄙耶敢請四星耳餘(불비야감청사성이여)

不備伏惟(불비복유)

尊照鑑亮(존조감양)

丁亥十月二十三日(정해시월이십삼일)

高靈后人在休上(고령후인재휴상)

〈어려운 말 풀이 및 해설〉

● 주신(主臣) : 황공하다.

[번역]

거룩하신 풍도를 경앙(敬仰)하여 우러러보기를 항상 간절히 했더니, 뜻밖에 여러 차례 중매인을 보내시니 도리어 황공합니다. 삼가 중동(仲冬)에 존체 편안하십니까? 다만 혼인의 논의는 다행히 사돈 간의 즐거움을 누릴 것을 허락하시니 혹시 저를 낮추어 보지 않으십니까? 감히 사성(四星)을 청할 뿐입니다. 나머지는 예를 다 갖추지 못합니다. 삼가 바라건대, 존자(尊慈)께서 살펴주시고 헤아려 주십시오.

　　　정해 10월 23일
　　　　고령 후인 신재휴 올림

3. 사성(四星) 편지

청혼에 대해 허혼을 하면 다음 순서는 혼인의 예를 갖추는 것이다. 그 첫번째로 해야 할 순서가 바로 사성을 보내는 일이다. 사성이란 신랑의 생년, 생월, 생일, 생시의 네 가지, 즉 사주四柱를 말한다. 이를 간지干支로 적으면 모년, 모월, 모일, 모시로 여덟 글자가 되므로 사주를 다른 말로는 팔자八字라고도 한다. 우리가 흔히 '사주팔자'라고 하는 말도 여기서 나온 것이다. 신랑의 사주를 신부집에 보내는 것은 오늘날 주민등록 초본을 보내는 것과 같은 의미이다.

사성을 보낼 때는 사성만 보내는 것이 아니라, 반드시 편지를 써서 사성을 보내는 사연을 말해야 한다. 옛날에도 청혼과 허혼의 경우는, 편지는 하지 않고 서로 말로 혼사를 결정하는 경우가 많았지만, 사성과 사성 편지만은 꼭 보내는 것이 상례였다.

신부집에서 사성을 받고 나면 조상祖上을 모신 사당祠堂에 고유告由를 하고, 신부가 될 처녀는 그날부터 외출을 삼가며 신랑집 사람이 될 준비를 한다. 그런데 사성 편지와 예장禮狀은 가급적 신랑 될 사람에게 직접 쓰게 했다. 그것을 통해 신랑이 지닌 성인成人으로서의 책임의식과 공부의 수준을 볼 수 있기 때문이다. 혼서를 수집해 보면 졸필拙筆이 많은데, 그것은 나이 어린 신랑이 썼기 때문이다. 하지만 사돈끼리 주고받는 사돈서査頓書는 사돈 되는 사람이 직접 쓴다.

1) 사성 쓰는 법

8	7	6	5	4	3	2	1

癸亥十二月初六日 (6열)

原 (5열)

癸亥十二月初六日巳時生 (4열)

驪州李著衙 (사인하기) (3열)

<사성(四星)의 예>

위에서 예시한 사성에서 보이는 바와 같이 제4폭에 신랑 될 사람의 생년, 생월, 생일, 생시를 적은 것이 사성이다. 나머지의 것은 사성을 보내면서 덧붙인 형식에 불과하다. 구체적으로 설명을 붙이면 제5폭의 "원原"자는 문서에 쓰이는 관용어로 오늘날 "끝"이란 말과 같은 것이다. 다시 말하면 사성을 다 쓰고 마무리하면서 쓰는 "이상 끝"이라는 뜻이다. 이것도 "인원물제人原物際"라 하여 사람과 관계되는 글 밑에는 "원原"자를 쓰고, 사물과 관계되는 글 밑에는 "제際"자를 쓴다. 사성은 사람과 관계되는 사주四柱이기 때문에 "원原"자를 쓴 것이다. 제6폭에는 당연히 사성을 보내는 연월일을 쓰고, 이어 보내는 사람의 성명을 써야 할 것이다. 그런데 연월일 다음에 성명을 쓰지 않고, 앞쪽 제3폭에 옮겨 쓴 것은 편지를 받아보면 누구에게서 온 것인가를 가장 먼저 쉽게 알아볼 수 있도록 하기 위한 시각적인 효과를 노린 것이다.

그리고 성명을 다 쓰지 않고 성姓만 쓴 것은, 사성은 편지가 아니라 문서의 성격을 띤 글이기 때문이다. 그래서 끝에 "○○○ 재배再拜나 배상拜上"과 같은 말을 쓰지 않고 착함著銜만 했다. 착함은 오늘날 "사인"에 해당하는 것으로 주로 문서에 사용했다. 이는 독창적으로 만들기도 하지만, 자신의 이름자에서 항렬行列자를 제외하고 나머지 한 글자를 따서 만드는 경우가 많다. 항렬자는 친형제, 사촌형제, 재종형제 등등이 같이 사용하기 때문에 이 글자는 고유명사가 아니라 보통명사이다. 그런데 이 항렬자로 착함을 하면 동일한 착함이 많이 생길 가능성이 있기 때문이다.

이처럼 혼례를 전중히 여기던 우리 조상들의 마음을 헤아리고 앞으로 지향해야 할 방향을 모색해 보자.

요즘은 사성을 쓰는 사람이나 받는 사람 모두가 이런 깊은 뜻을 잘 모른다. 사성을 쓰는 사람은 철학관이나 또는 서예학원에서 쓰고, 받는 사람은 무엇이라고 썼는지 뜻도 모르면서 받았다는 데만 의미를 둔다. 즉 정혼定婚했다는 의미로만 생각하는 것이다. 하지만 이것마저도 없으면 결혼을 정했다는 증표마저도 없어진다. 그러므로 가급적 위에서 번역한 한문 편지를 참고하여 자신에 맞는 한글 문장으로 개작해 사용하는 것이 좋을 것이다.

붓글씨나 한지 사용 등이 옛사람들에게는 생활의 일부분이었다. 하지지만 지금은 컴퓨터가 그 자리를 차지하고 있다. 즉 붓의 시대에서 컴퓨터 시대로 바뀐 것이다. 따라서 사성 편지도 컴퓨터에서 한글로 깨끗이 출력해 사용해도 무방하다. 어쩌면 남의 손을 빌어서 한문으로 쓰는 것보다 더 나을 수도 있을 것이다. 생활방식이 바뀌면 예도 바뀌기 마련이다. 생활을 떠난 예법은 아무리 지키려 해도 통하지 않기 때문이다.

특히 현대에 와서는 교통이 편리하고, 교류가 빈번하여 편지가 필요 없게 되었다. 하지만 인륜대사人倫大事인 혼인을 정하면서 말로만 약속을 하면 어딘가 허전한 감을 준다. 그래서 생각건대 사성 대신에 차라리 신랑신부의 자필 서약서를 교환하는 것도 좋을 것 같다.

2) 사성 편지 쓰는 법

① 納采[四星]書式(납채[사성]서식)

8	7	6	5	4	3	2	1
	癸亥十二月初六日	鑑念不宣 尊慈俯賜	仰呈伏惟	先人之禮謹專人納采星單	令愛貺室僕之長子祥衡茲有	尊慈不鄙寒微許以	驪州李炳敏白 金斯文執事伏承		驪州李炳敏白

<납채서식(納采書式), 사성 편지의 예>

※ 위의 청혼서와 허혼서는 전남 장흥 위씨(魏氏) 가문에서 나온 것임을 밝혀둔다.

<h2>〈어려운 말 풀이 및 해설〉</h2>

- 백(白) : '사뢸 백' 자로 읽는다.
- 여주이병민(驪州李炳敏) : 사성을 보내는 사람, 즉 신랑측 혼주의 본관(本貫)과 성명이다. 여기서 발신자의 성명을 맨 앞줄에 쓴 것은 시각적인 효과를 노린 것이다. 옛날 대가족제도 아래에서는 8촌 이내는 종손(宗孫)이 혼주가 되었다. 동고조팔촌(同高祖八寸)이기 때문이다. 지금은 그렇게 할 필요가 없다.
- 김사문(金斯文) : 사성을 받는 신부측 혼주의 성과 직위이다. 옛날은 계급사회였기 때문에 꼭 직위를 썼다. 예를 들어 상대방이 진사(進士)이면 김진사, 참판(參判)이면 김참판 등으로 썼다. 그런데 향촌에서 벼슬을 하지 못한 사람들은 김생원, 박생원처럼 생원(生員)을 존칭으로 썼다. 이 진사와 생원은 초시(初試)에 합격한 사람이다. 생원시에 합격하여 성균관에서 1년 이상 수학해야 본고사, 즉 대과(大科)에 응시할 수 있는 자격이 있었다. 그런데 지금 와서 굳이 "김생원, 박생원"이라 쓸 것은 없다. 신부측 혼주가 박사라면 김박사라 쓰고, 교수라면 김교수라 쓰는 것이 좋다. 예(禮)는 그 시대의 생활 규범이기 때문이다. 뜻도 모르고 지금도 김생원, 박생원 하면서 옛 것만 고집하는 것은 비현실적이다. 잘 모를 때는 아예 "김사문(金斯文)"이라 쓰는 것이 무방하다. 사문(斯文)은 ≪논어≫ "자한(子罕)" 9에 나오는 공자의 말로, "이 학문, 이 도(道)", 즉 유학(儒學)이란 뜻이 담겨 있다. 그래서 "김사문"이라고 하면 "학문의 전통을 간직하고 있는 분"이란 뜻으로 존칭이 된다. 이 글에서 "驪州李炳敏白金斯文執事(여주이병민백김사문집사)"라는 말은 연결되는 문장이지만, 상대방을 높이는 의미에서 "金斯文(김사문)"부터 글줄을 바꾸어 올려 썼다. 더 존경하고 싶으면 글자를 한 자 더 올려 쓰기도 하지만, 글줄을 바꾸어 쓴 것만으로도 상대방을 높인다는 뜻이 충분히 나타난다.
- 집사(執事) : 그 집안의 일을 맡아 보는 사람. 귀인(貴人)을 모시는 사람. 편지를 바로 신부측 혼주에게 전하면 당돌해 보이므로 혼주의 비서격인 집사에게 주는 형식을 취한 것이다. 이 비서를 낮추면 낮출수록 상대적으로 주인이 더 높아진다. 따라서 집사를 더 낮추어 "하집사(下執事)"라고 쓰기도 한다.

- 복승(伏承) : 복(伏)은 '엎드리다, 머리 숙이다', 승(承)은 '받들다'의 뜻.
- 존자(尊慈) : 덕행이 높고 인자한 분. 상대방의 존칭으로 신부측 혼주를 높여서 이르는 말이다. 이 글에서는 신부측 혼주를 높이기 위하여 글줄을 바꾸었다. 더 높이고 싶으면 한 글자 더 높여 쓰면 되지만, 구태여 그렇게 하지 않아도 된다.
- 비(鄙) : '천하게 여길 비' 자이다.
- 한미(寒微) : 빈한하고 미천함. 가난하고 지체가 변변하지 못함.
- 영애(令愛) : 영(令)자는 접두사. 남의 딸에 대한 미칭(美稱) 또는 존칭. 아름답고 사랑스러운 딸이라는 말이다. 신부가 혼주의 조카이면 "영질녀(令姪女)", 손녀이면 "영손녀(令孫女)"라 쓴다. 여기서도 남의 딸을 높이기 위하여 글줄을 바꾸었다.
- 황실(貺室) : 황(貺)은 '줄 황', 실(室)은 '아내 실', 즉 아내로 삼아주다.
- 복(僕) : '저 복' 자로 자기의 겸칭. 영어는 자신을 말할 때 대문자로 쓰지만, 한문은 이와 반대로 자신을 말할 때 글자를 작게 쓴다. 겸손함을 보이기 위함이다.

위의 문장은 "伏承 尊慈不鄙寒微(복승존자불비한미)[曲從媒議(곡종매의)]許以令愛貺室僕之長子○○(허이영애황실복지장자○○)"와 같이 연달아 써야 할 것이나, "존자尊慈"와 "영애令愛"를 높이기 위해 글줄을 올려 쓴 것이다. 더 높이기 위해 한 글자 더 올리기도 하지만, 글줄을 바꾼 것만으로도 충분하다. 이 글을 번역하면 "존자께서 한미한 저를 천하게 여기지 않으시고 (중매인의 말을 곡진히 좇아) 영애를 저의 아들 ○○의 아내로 삼는 것에 대해 허락해 주심을 삼가 받들게 되었으므로"이다.

- 복지장자(僕之長子)를 간단히 쓰려면 복지남(僕之男) ○○라고 쓰기도 한다.
- 전인(專人) : 어떤 일을 위하여 특별히 사람을 보냄.

- 납채(納采) : 혼인을 청함. 우리나라에서는 사성 주는 일을 말함.
- 성단(星單) : 사성단자(單子), 즉 사주를 적은 종이.
- 복유(伏惟) : 엎드려 삼가 생각하옵건대.
- 감념(鑑念) : 살펴 생각함.
- 불선(不宣) : 예(禮)를 다하지 못함.

위의 글은 "伏惟 尊慈俯賜鑑念(복유존자부사감념−삼가 생각하건 대 존자께서 굽어 살펴주십시오.)"이라고 글줄을 연달아 써야 할 것이나, "신부측 혼주께서 굽어 살펴주십시오."라는 뜻이므로 "존자尊慈"와 "감념鑑念"을 높이기 위하여 글줄을 바꾸어 올려 쓴 것이다.

- 겹봉[重封]에 釜山李生禮柬(부산이생예간)이라 쓰면서 발신자인 자신을 낮추기 위해 "李生"을 작은 글자로 썼다. 하지만 그렇게 쓰지 않아도 된다.
- 謹專人納采星單仰呈(근전인납채성단앙정)에서 "납채(納采)"와 "성단(星單)"은 같은 뜻이므로, 두 개 중에 하나만 써도 된다. 단 이 글에서는 상세히 쓰기 위하여 두 개를 다 썼다.

[번역]

여주 이병민은 아룁니다.
여주 이병민은 김사문 집사에게 아룁니다.
존자께서 한미한 저를 낮추어보시지 않으시고
영애를 저의 장자 ○○의 아내로 삼을 것에 대해 허락해 주심을 받 들게 되었으므로 이에 옛사람의 예법에 따라 납채(納采)−사성을 올 리오니 삼가 생각건대
존자께서 굽어 살펴주십시오. 예를 다하지 못합니다.
계해 12월 초6일

② 納采書式(납채서식)

伏惟孟春(복유맹춘)

尊體百福仰溸區區之至第僕之長子祥衡親事旣蒙頷可取不從

(존체 백복 앙소구구지지 제 복지장자 상형 친사 기몽함가 갈불종)

喩星單仰呈涓吉回 示如何餘不備伏惟

(유성단 앙정연길회 시여하여불비복유)

尊照(존조)

癸亥十二月初六日驪州李炳敏白

(계해십이월초육일여주이병민백)

〈어려운 말 풀이 및 해설〉

- 복유맹춘(伏惟孟春) : 청혼 편지 참조.
- 앙소(仰溸) : 청혼 편지 참조.
- 제(第) : '다만 제' 자이다.
- 복지장자(僕之長子) : 앞의 편지 참조.
- 친사(親事) : 혼사.
- * 이 부분에는 간단하게 "第兒也親事(제아야친사)"라고도 쓴다.
- 함가(頷可) : 턱을 끄덕여 승낙함.
- 유(喩) : 깨우칠 유. 상대방을 높이는 뜻으로 한 글자 띄었음.
- 성단(星單) : 사성단자(單子).
- 연길(涓吉) : 길일을 택함.
  * 이 부분에 유희적인 문자로 "日吉望幾星姑모四(일길망기성고정
    사 −길일은 언제일지를 바라면서 우선 사성을 올립니다.)"라는
    말을 쓰기도 한다.
- 회시(回示) : 회답해 보임. 이처럼 한 단어인데 "시(示)"자를 띄어
  쓴 것은 상대방을 높인 것임.
- 존조(尊照) : 존자께서 잘 비추어 주시기 바란다는 뜻. 이 글 대신
  "尊慈俯賜鑑念不宣(존자부사감념불선)"이라 쓰기도 한다.
- 계해(癸亥) : 편지를 보내는 연월일과 성명을 씀

지금까지 설명한 것을 참고하여 번역하면 다음과 같다.

[번역]

삼가 여쭙습니다. 이른 봄에
존체 편안하십니까? 우러러 지극히 작은 정성의 소원을 드립니다. 다
만 저의 장자 상형의 혼사는 이미 승낙해 주셨으니 어찌 감히 깨우침
을 따르지 않겠습니까? 우러러 사성을 올리오니 길일을 택하여 보내
주시는 것이 어떻겠습니까? 예를 다 갖추지 못합니다. 바라옵건대
존자께서 보살펴 주십시오.
　　　　계해 12월 초6일
　　　　　여주 이병민 아룀

3) 사성 봉하는 법

위에서 사성 편지와 사성 쓰는 법에 대해 알아보았다. 사성 편지는 더
전중히 하기 위하여 이를 봉투에 넣고 다시 겹봉을 한다. 이것을 중봉重
封이라 한다. 겹봉을 할 때 사성 편지가 든 봉투와 사성 봉투는 윗부분을
풀로 봉하지 않고 뚜껑만 접는데, 이는 다시 중봉을 하기 때문이다.

중봉은 일반 봉투와 마찬가지로 오른편에서 왼편으로 향하게 접는
다. 그리고 중봉을 접어가다가 끝나는 곳이 후면이 된다. 이 끝나는 곳
에 "봉封" 또는 "근봉謹封"이라 쓰기도 하고, "근봉"이란 인장印章을 찍기
도 한다. 이렇게 봉封하는 이유는, 옛날에는 사성 편지를 그 집 심부름
하는 사람이 직접 가지고 갔기 때문에, 가는 도중에서 뜯어볼 우려가 있
어 뜯지 못하게 하기 위한 방편이었다. 이는 필요에 의해 행해지던 것이
오늘날 의식용으로 굳어진 예例라 할 수 있다. 이처럼 우리들의 일상 예
법은 대부분 실용적인 데서 출발했지만 차차 의식화儀式化된 것이 많다.

중봉을 하고 전면에는 수신자와 발신자를 다 쓰고, 후면에는 편지만 보내는 것이 아니라 사성도 함께 보낸다고 하여 "사성동봉四星同封"이라 쓴다. 이를 보면 중봉을 할 때 사성을 먼저 밑에 놓고, 편지를 위에 얹는다는 것을 알 수 있다. 이는 편지가 위주이고, 사성은 부차적인 문서로 보았기 때문이다. 주의할 점은 중봉을 할 때 내용물인 편지를 거꾸로 넣어서는 안 된다. 바깥 중봉에 전면과 후면이 밝혀져 있으니 내용물도 여기에 따라야 한다.

이처럼 신중하게 하고도 정성을 다하는 뜻으로 다시 사성보四星褓로 싼다. 사성보는 청실홍실을 상징하여 한 면은 푸른색으로, 다른 한 면은 붉은색으로 한다. 그러면 어느 것을 밖으로 나오게 하고, 어느 것을 안으로 가게 할 것인가.

이 청실홍실도 그 근원을 찾으면 태극太極, 음陰, 양陽에까지 거슬러 올라갈 수 있다. 태극이란 천지와 음양이 아직 분리되지 않은 혼돈混沌의 상태를 말한다. 여기서 처음으로 나누어진 것이 천지天地요 음양陰陽이다. 요약해 보면 다음과 같다.

陽	天	乾	日	晝	東	男	左	生	魂	火
양	천	건	일	주	동	남	좌	생	혼	화
陰	地	坤	月	夜	西	女	右	死	魄	水
음	지	곤	월	야	서	녀	우	사	백	수

여기에서 더 발전하면 오행五行과 오색五色이 나온다.

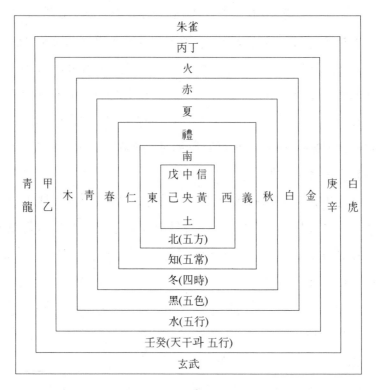

※ 쓰이는 예

- 東風(동풍) = 春風(춘풍) II 東宮(동궁) = 春邸(춘저)
- 西風(서풍) = 秋風(추풍) = 金風
- 甲午(갑오) : 백말 II 乙未(을미) : 백양 II 壬辰(임진) : 흑룡 등

위의 음양陰陽과 오방五方, 오상五常, 사시四時, 오색五色, 오행五行은 인간의 일상생활에서 떼려고 해야 뗄 수 없는 관계를 맺고 있다. 이에 따라 우리의 예속禮俗도 이에서 벗어날 수 없다.

위의 두 표를 참고하여 유교문화권의 우주관을 이해하고, '청색ㆍ홍색', '청실ㆍ홍실'을 파악하는 것이 순서이다. 그런데 청색ㆍ홍색을 천지 · 음양에 배열하는 것은 중국과 한국이 다르다.

먼저 중국의 경우부터 보자. 우리가 쉽게 볼 수 있는 『천자문(千字文)』의 첫줄에 "천지현황天地玄黃"이란 글이 나온다. 이는 "천天은 현玄하고, 지地는 황黃하다"는 뜻이다. 이 글에서 "현玄"은 "흑黑"과 다르다. 현玄은 하늘 빛, 또는 붉은 빛을 띤 검은 빛이다. 땅을 황색으로 파악한 것은 중국 문명의 발상지인 황하유역에서 황토빛을 땅으로 인식한 데서 비롯된 것이 아닐까 한다.

한편 이 현玄은 청靑과 같은 뜻으로 쓰인다. 예를 들면 대만臺灣의 국기國旗인 청천백일기靑天白日旗가 그것이다. 이는 청천백일만지홍靑天白日滿地紅으로, 즉 "푸른 하늘의 밝은 해가 대지에 가득 붉었구나."라는 의미이다. 여기서 볼 수 있는 바와 같이 현천玄天이 청천靑天으로 바뀌었다. 청靑은 천天이요, 양陽이다. 또 좌청룡우백호左靑龍右白虎라 할 때, 청靑은 왼쪽 양陽이요, 동東이며, 춘春에 해당한다. 또한 장례 때의 구의柩衣와, 폐백幣帛을 드릴 때의 상현하훈上玄下纁으로 하는 것도 역시 현玄은 상上이다.

하지만 우리나라 태극기는 이와 다르다. 태극기의 위쪽 붉은 색은 천天과 양陽에 해당하고, 아래쪽 청靑은 지地와 음陰에 해당한다. 그래서 중국과는 정반대가 된다. 때문에 이것을 우리나라 예禮에 원용할 때 상당히 혼란스러울 때가 있다.

첫째, 청색을 양(陽)으로 이해하는 경우

가묘家廟에 고위考位와 비위妣位의 신주神主를 같은 독(櫝, =함) 안에 함께 모실 때, 두 분을 쉽게 구분할 수 있게 고위考位는 청색, 비위妣位 는 홍색의 도(韜, =집)를 만들어 씌운다. 이 때 청색은 남男이요, 홍색 은 여女로 이해한 것이다. 또 녹의홍상綠衣紅裳에서도 마찬가지로 '녹색 저고리에 다홍치마'라 하여 녹색은 상上이요, 홍색은 하下인 것을 알 수 있다.

둘째, 홍색을 양(陽)으로 이해하는 경우

사성보四星褓를 싸거나 납폐함納幣函을 쌀 때 홍색을 밖으로 내어 싸 는 일, 신주의 독을 덮을 때 홍색을 밖으로 내어 덮는 일 등에서 볼 수 있다. 우리나라 태극기의 예도 여기에 해당한다. 이는 중국에서도 마 찬가지인데, 상가喪家에는 흰색을 쓰고, 혼사 등의 길사吉事에는 붉은 색을 숭상한다.

셋째, 위의 두 가지를 절충하는 경우

혼서를 보낼 때, 남자쪽에서 여자쪽으로 가는 것은 혼서의 보자기를 홍색이 밖으로 나오게 하고, 여자쪽에서 남자쪽으로 가는 혼서의 보자 기는 청색이 밖으로 나오게 한다. 이는 수신자 쪽을 고려한 것이다.

넷째, 위의 것을 혼용하는 경우

사성보를 쌀 때, 첫째의 경우처럼 청색을 밖으로 나오게 하는 집안이 있는가 하면, 둘째의 경우처럼 홍색이 밖으로 나오게 하는 집안도 있다.

사실 따지고 보면 해가 붉은 것이지 하늘이 붉은 것은 아니다. 따라서 혼란이 일어나는 것을 이상하게 여길 것도 없다. 다만 사성을 봉할 때 청·홍색을 잘 활용하는 것만은 알고 넘어가야 한다.

사성 편지는 위에서 인용한 예문만 참고하여도 충분하다. 이것은 지역에 따라 조금씩 변형하여 사용하는 예가 많다.

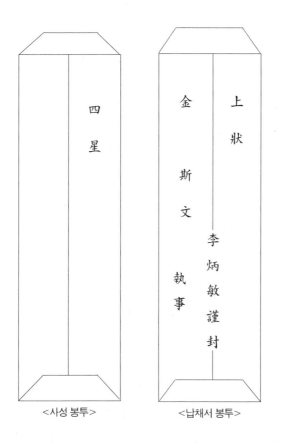

<사성 봉투>　　　　<납채서 봉투>

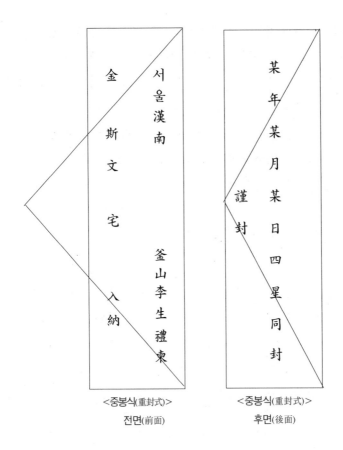

<중봉식(重封式)>　　　　　　<중봉식(重封式)>
전면(前面)　　　　　　　　　후면(後面)

4. 앞돈[先金] 보내는 편지

　다음은 흔히 볼 수 없는 혼서의 예를 들어보기로 한다. 이는 신랑측에서 혼사 비용을 신부집에 먼저 보내는 일이다.

　혼인은 옛날이나 지금이나 서로 대등한 사람끼리 하지만, 때로는 그렇지 못한 경우도 있다. 신랑측은 부유한 반면 신부 집안은 지체도 낮고 혼인 비용도 마련하기 어려울 수 있다. 특히 신랑 될 사람이 지체

부자유자이거나 재취再娶일 경우, 가난한 집의 딸을 매수하듯이 하여 혼사 비용을 신부집에 먼저 보내기도 한다. 이런 처지이면 대개 혼서가 없다. 그런데 마침 전남 장흥 위씨魏氏 가문에 이런 예문이 남아 있기에 여기에 예를 들어본다.

이처럼 혼사 비용을 먼저 주는 것을 우리말로 "앞돈"이라고 하는데, 이를 한자로 바꾸면 "선금先金"이 된다. 이러한 "앞돈"이 있다면 "뒷돈"도 있다는 말이 된다. 신랑이 장가갈 때 신랑의 아버지나, 아버지가 없으면 백·숙부가 신랑을 데리고 신부집에서 하룻밤을 자고 자기집으로 돌아간다. 돌아갈 때 신부집에서 시부모와 가족들에게 많은 예물과 음식을 보내는데, 이것을 "상수床需"라고 한다. 신랑집에서는 이런 예물을 그냥 받기가 미안하여 음식과 약간의 혼수 비용을 신부집에 답례로 보내는데, 이를 "상답床答"이라고 한다. 이 혼수 비용을 직설적으로 말하기가 민망하므로 완곡하게 표현하여 "침금채枕衾채"("채"란 대금이란 뜻의 지방말)라고 했다. 신부집에서 '시부모 이불을 해 보낸 대금'이란 뜻이다. 굳이 따지자면 이처럼 혼사 비용을 혼인 후에 보내는 것을 "뒷돈"이라고 할 수 있다. 이와 반대로 "앞돈"이란 말이 생긴 것이다. 아래에서 실례를 들어보자.

誠不以富寔出於儷皮之(성불이부식출어여피지)

爲禮謹未審此辰(위예근미심차신)

體上萬康溯仰至祝不任(체상만강소앙지축불임)

且祝生依昔者也何喩就(차축생의석자야하유취)

親事禮物若干胎送雖有(친사예물약간태송수유)

零星以補親事之萬一若(영성이보친사지만일약)

何餘萬不備候上(하여만불비후상)

己酉閏二月二十三日_(기유윤이월이십삼일)
生鄭邦秋上_(생정방추상)

〈어려운 말 풀이 및 해설〉

- 부(富) : '넉넉할 부'. '넉넉히 할 부'. "誠不以富(성불이부)"는 ≪논어≫ "안연(顏淵)" 12와 ≪시경≫ "소아(小雅)" <아행기야(我行其野)>장(章)에 나오는 말.
- 여피(儷皮) : 암수 한 쌍의 사슴가죽으로, 관례(冠禮)의 선물 또는 혼례의 폐백(幣帛)으로 씀.
- 미심(未審) : 자세히 알지 못함.
- 임(任) : '견딜 임' 자이다.
- 취(就) : 취백(就白)의 준말. 여쭙건대, 아뢰옵건대.
- 태송(胎送) : 편지에 다른 물건을 끼어 넣어 보냄.
- 후(候) : '물을 후'(안부를 물음).
- 영성(零星) : 조금. 정수(整數)에 차지 아니하는 수.

※ **예물(禮物)을 보낼 때**

① 星單與禮物仰呈耳(성단여예물앙정이) : 사성과 예물을 앙정합니다.
② 略干禮物付送勿責笑領千萬切企耳(약간예물부송물책소령천만절기이) : 약간의 예물을 부송하오니 나무라지 마시고 웃으며 받아주시기를 천만 번 바랍니다.

와 같은 글귀가 보인다. 하지만 양박_{凉薄}하게 "돈"이라 하지 않고, 완곡하게 "예물_{禮物}"이라고 한 것이다. 지금까지 설명한 것을 참고하여 번역하면 다음과 같다.

[번역]

진실로 넉넉하게 하기 위해서가 아니요, 폐백(幣帛)의 예물로 드리는 것입니다. 이때

체후 만강하시온지요. 우러러 빌고 또 빌어 마지않습니다.

저는 변함없이 종전과 같습니다. 무엇을 말씀드리겠습니까? 아뢰옵건
대 혼례에 쓰일 약간의 예물을 함께 끼어 넣어 보내오니 비록 모자람
이 있더라도 혼사의 만에 하나라도 보탬이 되었으면 어떨까 합니
다. 나머지 많은 것은 다 갖추지 못하고 안부 말씀 올립니다.

기유 윤2월 23일 생정방추 올림.

위에서 사성四星을 주고받는 일과 그 의의 등을 살펴보았다. 이를 현
대에 접목시켜 보려 해도 명확한 답이 나오지 않는다. 요즘 젊은이들
간에 유행하는 말을 한 번 읽어보고 다시 생각해 보기로 하자.

첫째, 건강진단서 교환

둘째, 혼인관계증명서 교환

셋째, 채권채무확인증명서 교환

넷째, 재직증명서 교환

이것은 요즘 결혼 적령기 남녀들이 사성 대신에 대용하자는 것이
다. 얼핏 보아도 무척 합리적인 인상을 준다. 남녀를 불문하고 어느 정
도 건강을 유지하지 못하면 행복한 가정을 이끌어가기 힘들 것이므로
당연히 건강진단서가 필요하다. 다음 혼인관계증명서는 초혼初婚인지
혹시 재혼인지를 알고 결혼을 해야 한다는 것이다. 증명서도 본인에
게 유리하게끔 일부를 빼고 해주는 경우가 있으니, 그것마저도 의심
해 보아야 한다는 것이다. 다음으로 채권債權 · 채무債務 확인증명서는
돈을 빌려 준 자에 대해서는 돈을 받을 권리, 돈을 얻어 썼으면 갚아야
할 의무, 즉 받을 돈, 갚을 돈이 얼마나 되는지를 알고 결혼을 하자는
것이다. 한 푼도 없으면서 허풍만 친다든지 외모만 다듬는 사람이 많

기 때문이다. 끝으로 재직증명서를 교환하자는 것은 현대사회의 불신에서 온 것이다. 필자가 아는 어느 고등학교가 대학으로 승격한 일이 있었다. 마침 그 고등학교의 졸업생 중에 혼담婚談이 있었는데, 그 고등학교를 졸업했다고 하지 않고 그 고등학교가 승격한 대학의 졸업생이라고 했다가 결혼 직전에 탄로가 나서 결혼을 그만 둔 일을 본 적이 있다. 참으로 믿기 어려운 세상이다. 하지만 신랑 신부가 자필로 서약서를 써서 교환한다면 사성四星을 주고받는 것보다 훨씬 낫지 않을까 한다. 사성은 옛 관례를 지켜가는 데 의의가 있지만 자필서약서는 현실적인 진실성이 더 있기 때문이다.

옛날 대가족 제도 아래에서는 8촌 이내는 8촌 종손宗孫이 혼주였다. 하지만 지금은 시대가 변함에 따라 혼인은 문중과 문중의 결합이 아니라 개인과 개인의 결합이라는 의식으로 변하여 8촌 종손에서 부모가 혼주로 되었다. 아마도 다음 세대는 혼주라는 개념 자체도 희박해지고 신랑신부가 주체로 될 가능성이 크다. 그렇다면 사성을 주고받더라도 그 형식이 달라져야 할 것이다. 어떻게 달라져야 할 것인가는 과거의 전통을 통해서 이루어져야 할 것이다.

5. 납채회답(納采回答) 편지

납채 회답 편지는 납채 편지에 대한 회답의 편지로 "납채복서納采復書"라고 하는데, "연길涓吉 편지" 또는 "날받이 편지"라고도 한다.

신랑집에서 신부집에 사성을 보내면서 혼인할 날짜를 보내라고 했기 때문에 신부집에서는 길일을 택하여 신랑집에 보내야 한다. 이때

날을 받는 일관日官이 적어주는 쪽지를 그대로 신랑집으로 보내기도 하지만 대개 아래에서 예시한 것처럼 신부집에서는 일관이 적어준 쪽지를 편지지에 정서淨書하여 보낸다. 그 내용을 자세히 알아보기로 하는데, 먼저 연길涓吉 쓰는 법을 보고, 다음에 연길 편지 서식인 납채복서식納采復書式을 보기로 한다.

1) 연길(涓吉) 쓰는 법

8	7	6	5	4	3	2	1
		金海金　著銜　(사인 하기)	壬申十二月初八　　　日	際	奠雁　壬申十二月初九日壬午午時		

<연길(涓吉)의 예>

연길 쓰는 서식의 제3폭에 있는 "전안奠雁"이란 기러기를 바친다는 것이다. 옛날 중국 사람들은 처음 인사를 나눌 때 반드시 신분에 따른 예물이 있었다. 혼인날은 신랑이 신부에게 예물을 드리고 신부를 맞이하여 자기 집으로 가서 결혼식을 올리는데, 이때 신부를 맞이해 가는 것을 친영親迎이라 했다. 예물은 신분에 따라 천자는 창(鬯, 술 이름), 제후는 규(圭, 옥), 경卿은 고(羔, 양새끼), 대부大夫는 안(雁, 기러기), 사士는 치(雉, 꿩) 서인庶人은 목(匹, 鶩, 집오리) 등으로 각각 달랐다. 이때 "짝 필匹" 자는 '집오리 목'으로 읽는다.

오리도 종류가 다르다. 들오리, 즉 야생오리는 부鳧라 하고, 가정에서 키우는 오리, 즉 가금家禽은 목鶩이라 하는데, 목은 날아오르지 못하는 것이 마치 서인庶人이 평생 땅만 지키며 농사짓고 사는 것과 같다는 것이다. 그래서 서인은 집오리인 목鶩을 선물했다고 한다. 후에 일반 사람들도 기러기를 선물로 삼았다. 신랑이 신부를 처음 맞이할 때 기러기를 예물로 삼는 것은 다음과 같은 이유에서다.

첫째, 기러기는 음양에 순응하여 계절에 따라 왕래하는 뜻을 취했다는 것이다. 즉 봄이 되면 북쪽으로, 가을이 되면 남쪽으로 날아가므로 우주의 질서와 계절의 순리에 따라 살아가는 지혜가 있다고 한다. 부부도 이처럼 지혜롭게 살아가야 한다는 것이다.

둘째, 기러기는 불재우不再偶라 하여 한 번 정한 짝은 바꾸지 않는다고 한다. 또 유선후항렬有先後行列이라 하여 선후의 질서를 잘 지킨다고 한다.

셋째, 기러기는 날아갈 때 갈대잎을 물고 가면서 "피증격避矰繳"이라 한다. 즉 화살을 피하기도 하고, 때로는 그 갈대잎을 물위에 띄워놓고 휴식을 취하는 신중성이 있다는 것이다. 앞의 전안례奠雁禮조를 참고하기 바란다.

전안하는 날은 곧 혼일婚日이다. 결혼날짜는 ○○년 ○○월 ○○일 ○○시라는 것이다.

제4폭의 "제際"는 "끝"이란 것이다. 이것 역시 사성 쓰는 법에서 설명이 있었다. 다시 되풀이해서 설명하면 "인원물제人原物際"라 하여 사람과 관계되는 말 다음에는 "원原"자를 쓰고 사물과 관계되는 말 다음에는 "제際"자를 쓴다.

6폭의 성명은 글줄을 안배하여 사성四柱의 예例처럼 맨 앞줄에 써도 된다.

그러면 아래에서 사성四柱 편지 회답서, 즉 날받이 편지에 대하여 보자.

2) 연길(涓吉) 편지 쓰는 법

① 納采復書式(납채복서식)

8	7	6	5	4	3	2	1
	壬申十二月初八日	鑑念不宣 尊慈俯賜	命是從伏惟	請期可否惟 辱納采敢不拜從揀吉	尊慈曲從媒議旣 驪州李斯文執事伏承 金海金炳國白		金海金炳國白

<납채복서식(納采復書式) － [연길(涓吉), 날받이 편지]>

<연길 봉투> <납채복서 봉투>

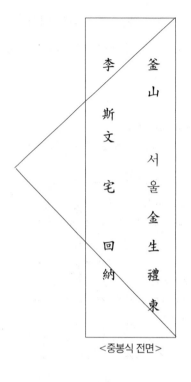

<중봉식 전면>　　　　　<중봉식 후면>

　　발신자의 성명을 7폭의 연월일 밑에 쓰지 않고 맨 앞쪽에 쓴 것은 편지를 받아보았을 때, 먼저 누구에게서 온 편지인가를 쉽게 알아볼 수 있게 시각적인 효과를 노린 것이다. 그리고 글줄을 안배해서 썼는데, 제3폭에 쓰인 "여주이사문驪州李斯文", 제4폭에 쓰인 "존자尊慈, 욕납채辱納采, 명시종命是從, 존자尊慈, 감념鑑念" 등은 편지 수신자와 관계되므로 상대방을 높이는 의미에서 글줄을 바꾸어 쓴 것이다. 즉 "여주이사문"은 신랑집 혼주이고, "존자"는 학문과 덕행이 높고 인자한 분이란 뜻으로 2인칭 대명사로 쓰였으며, "욕납채"는 욕되게 사성을 받았다는 뜻으로 상대방에 대한 겸사謙辭이고, "유명시종惟命是從"은 존자尊

慈의 명령을 따르겠다는 뜻이며, 이어서 존자라는 말도 역시 대명사로 쓰였다. "감념鑑念"은 비추다는 뜻인데, 그 주체는 존자이므로 글줄을 바꾸어 썼다.

〈어려운 말 풀이 및 해설〉

- 간길(揀吉) : "간(揀)"은 '가릴 간' 자이므로, 간길은 길일을 가린다는 뜻이다.
- "곡종매의(曲從媒議), 즉 중매인의 말을 곡진히 따르시어"라는 말은 현실에 맞지 않는다. 삭제해 버리든지, 그렇지 않으면 다음 글에서처럼 "사우(士友)의 말을 지나치게 믿으시고(過聽士友之言)"라는 말을 쓰는 것이 좋다.
- 사성 봉투에는 "글월 올림(上狀)"이라 쓰지만, 납채회답 편지에서는 사성 편지에 대한 회답이므로 "삼가 사례하는 글월 올립니다.(謹拜謝狀)"라고 쓴다. 겉봉투의 발신자 표시에 "서울김생예간(서울金生禮柬)"이라 하여 자신을 말하는 "김생"은 겸손을 표시하여 작은 글씨로 썼지만 그렇게 하지 않아도 된다. 그리고 역시 사성 편지의 겹봉투에는 "입납(入納)"이라고 썼지만, 납채복서(納采復書)는 사성 편지의 회답이므로 ○○댁(宅) "회납(回納)"이라 쓰는 것도 유의해야 한다.

[번역]

　　　　김해 김병국 아룀
김해 김병국은
여주 이사문 집사에게 아룁니다.
삼가
존자께서 중매인의 말을 곡진히 따르시어 이미
욕되이 사성(四星)을 보내신 것을 받드니 감히 따르지 않겠습니까?
길일(吉日)을 가려 혼인날을 청하니 가부(可否)는 다만 존자의 명령을 따르겠습니다. 삼가 생각건대
존자께서 굽어 살펴주십시오. 예(禮)를 다 펴지 못합니다.
　　　　임신 십이월 초팔일

② 納采復書式(납채복서식)

－秋淵 權龍鉉先生家의 例(추연 권용현선생가의 예)

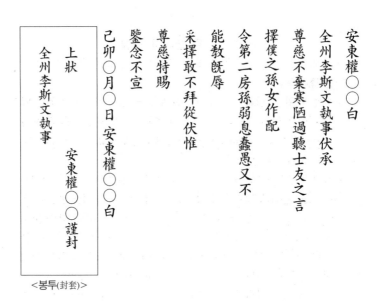

安東權○○白

全州李斯文執事伏承

尊慈不棄寒陋過聽士友之言

擇僕之孫女作配

令第二房孫弱息蠢愚又不

能教旣辱

采擇敢不拜從伏惟

尊慈特賜

鑒念不宣

己卯○月○日安東權○○白

上狀

全州李斯文執事　　安東權○○謹封

<봉투(封套)>

〈어려운 말 풀이 및 해설〉

* 약식(弱息) : 어린 자식. 여기서는 어린 손녀를 의미함.
* 준우(蠢愚) : 아주 어리석음.
* 전주(全州), 존자(尊慈), 영제이방(令第二房), 채택(采擇), 존자(尊慈), 감념(鑒念) 등은 수신자(受信者)를 높이기 위해 글줄을 바꾸어 쓴 것이다.

[번역]

안동 권○○는 전주 이사문 집사에게 아룁니다.

존자께서 한미한 저를 버리지 않으시고 사우(士友)의 말을 지나치게 믿으시고 저의 손녀를 택하여 존자의 둘째 아들에게서 출생한 손자의 배필을 삼을 것을 허락받았습니다. 저의 집 어린아이는 재주도 없고 어리석은데다가 또한 잘 가르치지도 못했는데 이미 채택해 주시니 감히 따르지 않겠습니까? 삼가 바라건대 존자께서 특별히

보살펴 주십시오. 예를 다 갖추지 못합니다.

기묘 ○월 ○일 안동 권○○ 아룀

③ 納采復書式(납채복서식)

伏承(복승)

華函感荷可量仍謹審此辰(화함감하가량잉근심차신)

尊體保重慰慰萬萬僕之女(존체보중위위만만복지녀)

兒親事旣蒙 星單涓吉仰呈(아친사기몽 성단연길앙정)

可否惟 命是聽伏惟(가부유 명시청복유)

尊慈俯賜(존자부사)

鑑念不宣(감념불선)

〈어려운 말 풀이 및 해설〉

* 화함(華函) : 남의 좋은 편지.
* 가량(可量) : 가량 대신에 양심(良深, 참으로 깊다)으로 쓰기도 함.
* 존체(尊體)에서 상대방을 더 높이고 싶으면 존체후(尊體候)라고 쓴다.
* 위위만만(慰慰萬萬) : 매우 위안이 됨. 이 말 대신에 감하감하(感荷感荷; 받은 은혜 깊이 느낌)이라 쓰기도 한다.
* 기몽(旣蒙) … 앙정(仰呈) 대신에 旣聞 命矣敢不拜從謹涓吉以請婚期可否惟 命是聽(기문 명의감불배종근연길이청혼기가부유 명시청 : 이미 명령을 들었으니 감히 따르지 않겠습니까? 삼가 혼인날을 가려 혼기를 청하니 가부는 하라는 대로 따르겠습니다)라고 쓰기도 한다.
* 성단(星單) 대신에 납채(納采)라 쓰기도 한다.

- 연길(涓吉) : 연(涓)은 '가릴 연' 자이므로, 연길은 길일을 택함이다.
- 유명시청(惟命是聽)의 답서(答書)에 人謀旣同卜亦協吉敢不從喩 (인모기동복역협길감불종유, 사람의 모의가 서로 같고 점괘 역시 좋으니 감히 따르지 않겠습니까)로 쓰기도 한다.

[번역]

삼가
귀중한 편지 받으니 감사함을 어찌 다 헤아리겠습니까? 삼가 이 때 존체 보중하시다니 매우 위안이 됩니다.
저의 딸 혼사는 벌써 사성을 받고 연길(涓吉)을 앙정하오니 가부는 다만 하라는 대로 하겠습니다. 삼가 생각건대
존자께서 굽어 살펴주십시오. 예를 다 갖추지 못합니다.

④ 納采復書式(납채복서식)

伏惟寒冱(복유한호)

尊體動止萬重仰溸區區之至僕之女阿

(존체동지만중앙소구구지지복지여아)

親事旣蒙星單此非寒楣之慶耶涓吉依

(친사기몽성단차비한미지경야연길의)

敎書呈章製錄示若何不備伏惟

(교서정장제녹시약하부비복유)

尊照 謹拜謝狀(존조 근배사장)

　　　○年 ○月 ○日(○년 ○월 ○일)

　　　　金海金相大再拜(김해김상대재배)

〈어려운 말 풀이 및 해설〉

- 한호(寒冱) : 추위. 여기서는 계절에 따라 글을 고쳐 써야 함.

- 동지(動止) : 동작.
- 여아(女阿) : 딸. 손녀일 때는 손교(孫嬌)라고도 씀.
- 장제(章製) : 의양(衣樣)이라고도 하는 데, 신랑 옷의 치수를 말한다. 신랑 옷의 치수를 신부집에 적어 보내면, 신부집에서는 거기에 맞게 신랑 옷을 짓는다. 이와 달리 신부는 결혼 때 활옷이라는 것을 입는데, 이것은 신랑집에서 준비해야 한다. 따라서 신부 옷의 치수를 적은 의양을 신랑집에서 요청하고, 신부집에서는 그것을 적어 신랑집으로 보낸다. 그러면 신랑집에서 거기에 맞게 신부의 활옷을 만들어 보내야 한다.

[번역]

삼가 생각건대 추위에
존체 만안하십니까? 우러러 지극히 작은 정성을 말씀드립니다. 저의 딸 혼사는 이미 사성을 받았으니 어찌 한미한 집안의 경사가 아니겠습니까? 시키는 대로 연길(涓吉)을 적어 보내니 신랑의 의양(衣樣)을 적어 보내는 것이 어떠하겠습니까? 예를 다 갖추지 못하니, 삼가 비추어 주시기 바랍니다. 삼가 절하며 답서 올립니다.
　　○년　○월　○일
　　　　김해 김상대 재배

6. 혼일개정(婚日改定) 편지

① 涓吉改定(연길개정)

貴星到門 華翰兼拜(귀성도문 화한겸배)

潛陋慶溢暗與春深伏(잠누경일암여춘심복)

憑審春日政殷(빙심춘일정은)

尊體候順序萬衛實協(존체후순서만위실협)

頂禱親事旣至涓吉而(정도친사기지연길이)

鄙意則似有未洽以來(비의즉사유미흡이래)

月八日猥揀以呈於(월팔일외간이정어)

尊意如何餘在源源姑(존의여하여재원원고)

不備謝上禮(불비사상례)

辛巳二月二十二日(신사이월이십이일)

李憲根拜手(이헌근배수)

謝(사)

〈어려운 말 풀이 및 해설〉
● 귀성(貴星) : 심부름 하는 사람.

[번역]

심부름꾼이 대문으로 들어오는데 겸하여 귀중한 편지를 받으니 저에게 경사스러움이 흡사 봄과 함께 깊어지는 것 같습니다. 삼가 봄이 한창인데
존체후 계절 따라 만안하심을 살펴 알게 되니 실로 빌었던 바입니다.
혼사는 이미 연길(涓吉)이 왔으나 저의 뜻에는 미흡한 것 같아, 오는 달 8일로 외람되이 택하여 올리오니 존의(尊意)에 어떠합니까? 나머지는 연

이이 소식이 있을 것이므로 우선 다 갖추지 못하고 답서(答書) 올립니다.

　　신사　2월　22일

　　　이헌근 머리 숙여 절하며 답함

연길(涓吉), 즉 혼인날짜 개정(改定)을 청하는 편지

연길이란 길일을 택하는 것인데, 신부집에서 신랑집으로 혼인날짜를 받아 보내는 것이다. 이 날이 좋으면 신랑집에서 그대로 받아들이지만 마음에 들지 않으면 신부집과 조율하여 다른 날짜로 고치자고 청한다.

오늘날처럼 통신이 발달했다면 전화 한 통화로 쉽게 해결될 문제이지만 옛날에는 심부름하는 사람을 직접 신부집으로 보내서 그 의사를 전달했다. 그냥 말만 전할 수 없어 정중하게 혼주의 편지를 가지고 가서 전한다. 혼사에 이처럼 편지가 많은 것은 결국 통신수단이 발달하지 못했기 때문이다.

혼인날짜 개정에 대한 편지는 지역마다 있었겠지마는 여기서 예로 든 것은 전남 장흥 위씨魏氏 가문에서 나온 것이다. 이 편지 중에서 "전적으로 믿을 수 없는 것도 음양의 이치요, 믿지 않을 수 없는 것도 음양의 이치다."라는 것이 당시 사람들의 음양관이다.

여기서 필자가 경험한 일화 한 토막을 소개한다. 필자가 결혼하려고 잡은 날이 마침 고향의 한 친구와 같은 날이었다. 그런데 그날이 좋지 않은 날이라는 말이 나왔다. 옛날 토종닭은 어미닭이 계란을 직접 품어서 부화시켰는데, 필자가 결혼하려고 잡은 날은 어미닭이 계란을 품어도 부화되지 않고 계란이 썩어버린다는 것이다. 즉 그날 결혼을 하면 자식을 두지 못할까 염려스럽다는 것이었다. 그래서 필자는 결혼날짜를 바꾸고 고향의 그 친구는 본래 택한 그 날짜에 결혼을 했다. 주위 사람들은 그 말이 맞는지 두고 보자고 했다. 그런데 그 친구는 아들만 셋을 낳았고, 필자는 2남 1녀를 두었다. 참으로 이러한 결혼날받이의 말이 얼마나 허황한 말인가!

② 涓吉改定(연길개정)

伻回有日更伏問際玆(팽회유일갱복문제자)

尊體候有相膝下諸閤亦(존체후유상슬하제합역)

得平在否並溱區區之至(득평재부병소구구지지)

第涓吉日字想考文書則(제연길일자상고문서즉)

不啻一凶殺而已細殺與(불시일흉살이이세살여)

十惡大敗日也通書不云(십악대패일야통서불운)

乎拘於諸殺者終身孤單(호구어제살자종신고단)

云不可專恃者陰陽也不(운불가전시자음양야불)

可不恃者亦陰陽也故更(가불시자역음양야고갱)

擇大吉日玆送力者以此(택대길일자송력자이차)

下諒伏望耳餘無禮不敢修(하량복망이여무례불감수)

式(식)

〈어려운 말 풀이 및 해설〉

● 팽회(伻回) : 팽(伻)은 '심부름하는 사람 팽' 자이므로, 팽회는 심부름꾼이 돌아왔다는 말이다.
● 제합(諸閤) : 온 집안.
● 흉살(凶殺) : 흉살(凶煞), 사기(邪氣)
● 십악(十惡) : 열 가지의 악업(惡業)
● 대패일(大敗日) : 크게 재앙이 있는 날.

- 역자(力者) : 역(力)은 '하인 역' 자이므로, 역자는 하인을 이르는 말이다.

[번역]

심부름꾼이 돌아온 지 며칠이 지났으니 삼가 다시 묻습니다. 이때 존체 편안하시고 슬하(膝下) 모두 편안하십니까. 아울러 지극한 정성으로 말씀드립니다.

다만 연길(涓吉)은 책에 살펴보면 한 가지 흉살(凶殺)일 뿐만 아니라, 세살(細殺)과 십악(十惡)의 대패일(大敗日)입니다. ≪통서(通書)≫에 "제살(諸殺)에 걸리면 외롭다."고 하지 않았습니까? 전적으로 믿을 수 없는 것도 음양서(陰陽書)이고, 믿지 않을 수 없는 것도 음양서입니다. 그러므로 다시 아주 길일(吉日)을 가려서 이에 하인을 보내니 하량(下諒)해 주시기를 바랍니다. 나머지는 무례하여 감히 예를 갖추지 못합니다.

　년 ○월 ○일
　이○○ 재배

7. 연길(涓吉)회답 편지

　　驪州李炳敏復(여주이병민복)

　　金斯文執事伏承(김사문집사복승)

　　華函感荷良深仍謹審(화함감하양심잉근심)

　　尊體起居萬重仰慰仰慰僕之姪兒

　　(존체기거만중앙위앙위복지질아)

　　親事星往日來豈非天緣耶章製依

　　(친사성왕일래기비천연야장제의)

　　敎仰呈伏惟(교앙정복유)

　　尊慈俯賜(존자부사)

鑑念不宣(감념불선)

年 月 日(년 월 일)

驪州李炳敏再拜(여주이병민재배)

〈어려운 말 풀이 및 해설〉

- 질아(姪兒) : 조카. 아들이면 남(男), 또는 자(子)라고 씀.
- 성왕일래(星往日來) : 사성이 가고 연길이 왔다. 이 말 대신에 기몽연길(既蒙涓吉, 이미 혼인날짜를 받았으니)라 쓰기도 한다.
- 앙정(仰呈) : "앙정" 대신에 "서정(書呈)": 써서 올림. 녹정(錄呈): 적어 올림. "협정(夾呈)": 따로 적어 올림 등으로 쓰기도 한다.
- 기비천연야(豈非天緣耶) : 다음에 "吉日卜既協吉敢不從 喩(길일 복기협길감불종유, 보내신 길일은 점괘가 이미 좋으니 감히 깨우침을 따르지 않겠습니까?)"를 넣기도 한다.
  * 한편 신부집에서 보낸 결혼날짜가 못마땅할 때에는 "吉日以某日更擇爲定行此日如何(길일이모일경택위정행차일여하, 결혼날짜는 ○○날로 다시 택해서 이 날로 행하는 것이 어떻겠습니까?)"라는 글을 넣기도 한다.
- 질아(姪兒)라 쓴 것으로 보아 백부(伯父)가 혼주임을 알 수 있다.

[번역]

여주 이병민은
김사문 집사에게 아룁니다. 삼가
귀중한 편지를 받으니 참으로 감사합니다. 삼가
존체 기거(起居) 잘 보중하신 것을 살펴 알게 되니 우러러 위안됩니다.
저의 조카 혼사는 사성(四星)이 가고 길일(吉日)이 왔으니 어찌 하늘이 맺어준 인연이 아니겠습니까? 시키는 대로 의양(衣樣)을 앙정(仰呈)하오니, 삼가 바라건대
존자(尊慈)께서 굽어
살펴주십시오. 예를 다 펴지 못합니다.
　　　○년　○월　○일
　　　　여주 이병민 재배

8. 납폐(納幣) 편지

1) 납폐의 의미

납폐는 혼인을 할 때 신랑집에서 신부집으로 예물, 즉 폐백을 보내는 것을 말한다. 그러면 폐백이란 무엇인가. 예물로 보내는 비단이다. 옛날 중국에서는 귀중한 예물로 주로 비단을 사용했다. 시대가 흘러가면서 폐백이란 말이 예물의 대명사로 변했고, 우리나라에서도 그대로 사용하게 되었다. 간단히 말하면 폐백이란 신랑집에서 신부집으로 보내는 예물禮物을 말하고, 납폐는 그 예물을 보내는 일을 말한다.

신랑집에서 처음 보내는 예물은 귀한 비단이었는데, 혼인에 쓰는 비단이니만큼 천지와 음양을 상징하는 푸른 비단과 붉은 비단을 사용했다. 즉 청단홍단靑緞紅緞이다. 이것을 달리 현玄·훈纁이라고도 한다. 이 청색과 홍색이 후일 청실홍실로 변해 갔다.

이 폐백을 보낼 때, 요즘 같으면 가방에 넣어 가면 될 것이지만 옛날에는 가방이 없었다. 가장 편리한 방법이 "함函"에 넣어서 보내는 것이었다. "함函"이란 "상자 함" 자인데, 바로 조그마한 궤짝이다. 혼인할 때 흔히 "함 보낸다."라는 말을 하는데, 이 말은 상자에 예물을 넣어 보낸다는 것이다. 그러면 함에 넣은 물목物目을 살펴보자.

2) 물목(物目)에 대하여

8	7	6	5	4	3	2	1
		縹	纁	玄			
					物目		
	壬申十二月十日		壹段	壹段		驪州李著衡 (사인 하기)	

<물목식(物目式)>

물목은 폐백을 보내면서 그 내용물의 목록을 적은 문서다. 특히 결혼은 음양의 결합이요, 남녀의 결합이므로 여기에 사용하는 예물도 천지와 음양에 해당하는 현 · 훈으로 했다. 옛 사람들은 우주자연의 질서 속에서 순리에 따라 살아갔기 때문에 잠시도 이 질서를 벗어나서 생활할 수가 없었다. 특히 결혼과 음양은 더 관계가 깊다. 결혼은 인간대사人間大事이므로 어떻게 하면 더 행복해질까 하는 욕망에서 색깔 하나까지도 예사로 넘어가지 않았다.

그러면 이 예물의 수량은 대개 어느 정도였을까. 이것은 시대와 재력, 신분에 따라 달랐다.

이품二品 이상은 현(玄, 陽) 삼단三段, 훈(纁, 陰) 이단二段이며, 삼품三品에서 서인庶人에 이르기까지는 현 일단, 훈 일단씩으로 한다고 했다. (≪국조오례의(國朝五禮儀)≫)

이처럼 예물은 신분에 따라 차이가 있었다. 하지만 너무 적거나 많은 것도 어느 정도 제한을 두었던 것 같다. 그래서 "적어도 두 끝 이상은 되어야 하고, 많아도 열 끝은 넘지 않아야 한다(≪가례본주(家禮本註)≫)" 라고 했다. 여기서 일단一段이라 함은 우리말로 한 "끗"이다. 품계品階 를 보자면, 옛날에는 구품九品에서 일품一品까지이고, 현대 직급職級 역시 구급九級에서 일급一級까지이니, 이품二品과 삼품三品은 오늘날 어느 직급에 해당하는지 대략 짐작할 수 있다.

그러면 물목을 어떻게 쓰는가를 보자. 물품이 많지 않기 때문에 편지지 한 장에 잘 안배하여 써야 한다. 발신자를 맨 끝의 연월일 다음에 쓰지 않고 맨 앞에 쓴 것은 시각적인 효과를 노린 것이다. 그리고 폐백의 종류인 현玄 일단壹段, 훈纁 일단壹段이라고 쓴다. 일단은 한 끗이라는 말인데, 20자를 한 끗이라고도 하고, 40자를 한 끗이라고도 한다. 몇 자냐를 따지는 것이기 보다는 결혼식에 입을 상불 한 감, 시집가서 나들이 할 때 입을 중불 한 감이란 뜻이다. 하지만 결혼일 아침에 폐백을 드리기 때문에 옷을 지을 시간이 없다. 그날은 부득이 신부집에서 준비한 활옷을 입고 신랑집에서 보낸 폐백을 그 위에 걸치고 결혼식을 한다. 그리고는 그 감을 두었다가 친정에 머무는 동안 여가 나는 대로 옷을 지어 입고 시집에 간다. 나머지 중불은 시집간 후 나들이옷으로 입는다.

그런데 물목을 쓸 때 현·훈만 쓰고 일단 이단은 쓰지 않기도 한다.

일단이라 쓰지 않아도 으레 일단이라는 것은 다 아는 사실이기 때문이다.

현·훈을 쓰고 "끝"을 의미하는 제際자를 쓴다. 물품 다음이기 때문이다. 그리고 끝으로 발송 연월일을 쓴다. 발송자는 맨 앞에 썼기 때문에 다시 쓰지 않는다. 그러나 물목은 문서이기 때문에 발송자를 앞에 쓰면서 본관과 성姓을 쓰고 착함(사인)을 한다.

3) 예장(禮狀)

8	7	6	5	4	3	2	1
		尊照　謹拜上狀 壬申十二月十日	儀不備伏惟 令愛貺室茲有先人之禮謹行納幣之	尊慈許以 未有伉儷伏蒙	時維季冬 尊體百福僕之長子祥衡年旣長成	驪州李炳敏再拜	

<납폐서식, 예장(納幣書式, 禮狀)>

납폐할 때에는 예물뿐만 아니라 편지도 있어야 한다. 이 편지를 예장이라고 한다. 학문이 깊은 사람은 이 편지를 창작해서 썼다. 옛 문집을 보면, 예장을 다른 말로 혼서婚書라고도 하는데, 혼서 장르의 글로 더러 남아 있다. 문체는 변려문騈儷文으로 화려한 형식미를 느낄 수 있다.

하지만 이를 창작하기 싫은 일반사람들은 옛날부터 상투적으로 써오던 위의 글을 많이 사용했다. 이는 너무나 일반화된 글이다. 그러기에 개화기開化期를 전후해서는 예장을 아예 인쇄해서 팔기도 했다. 비워 둔 자리에 본관本貫, 성명, 계절, 연월일만 써넣으면 되었다. 요즘도 혼수용품婚需用品 매점에서는 예장을 인쇄해서 판매하고 있다. 그런데 흥미로운 것은 그것을 사서 사용하는 사람도 받는 사람도 그 뜻을 모른다는 것이다.

예전에는 예장 종이를 두껍고 단단한 장지壯紙를 반을 접어 끊어서 만든다. 현대 단위로 길이가 58cm, 넓이가 9.5cm 정도다. 정중하게 보내는 글이므로 크고 무게 있게 한 것이다. 글 내용은 다 아는 것이므로 종이는 어떻게 접으며 글씨는 어떻게 쓰느냐가 문제였는데, 이것을 보면 신랑집안의 견문과 사회적 수준을 짐작할 수 있기 때문이다.

그런데 예장은 대부분 신랑에게 쓰게 한다. 신랑이 예장을 잘 써야 그 가문의 위상과 자신의 재능을 알리게 된다. 신부집에서는 이 예장을 받고 나면, 결혼을 한 것과 마찬가지가 된다. 사성이나 연길涓吉만 받고 신랑될 사람이 죽는 불행한 일이 발생해 신부가 남편 없는 시집에 가서 한 평생을 눈물로 보낸 사람도 있다. 그러므로 신부는 이 예장을 받아 한평생 농 안에 자신의 생명처럼 소중하게 잘 보관해 두었다가 후일 그가 죽으면 관棺 속에 넣어갔다. 이승의 수명이 다해 저승에 갔는데, 예장이 없으면 염라대왕이 "너는 인간 세상에 살 때 혼인도 못했느냐? 어찌 예장이 없느냐!" 하고 꾸짖는다는 것이다.

그래서 예장을 수집해 보면 쉽게 구해지지 않는다. 만약 있다면 그것은 부인이 죽은 후에 염殮을 할 때, 황망 중에 농 안에 깊이 감추어 둔 예장을 못 찾아 관속에 넣어주지 못한 것이다. 그런데 간혹 그 농을 팔 때 예장이 농 안에 남아 있는 경우가 있다. 필자는 이러한 혼서들을 체계적으로 수집하여 부산대 도서관 「우계문고(于溪文庫)」에 기증한 바 있다.

위에서 예장을 예로 들어 보았다. 하지만 그것만으로는 불충분하다. 그래서 독자들의 이해를 돕고자 아래에서 예장에 쓰이는 어려운 말들을 풀이하여 우리말로 옮기고, 설명과 해설도 덧붙여 정리해 둔다.

〈어려운 말 풀이 및 해설〉

- 여주 이병민백(驪州李炳敏白) : 시각적인 효과를 노려 발신자를 맨 앞에 쓴 것이다.
- 계동(季冬) : 음력 12월. 각 계절의 표를 보이면 다음과 같다.

季節名 季節順	春	夏	秋	東
孟	孟春 (正月)	孟夏 (四月)	孟秋 (七月)	孟冬 (十月)
仲	仲春 (二月)	仲夏 (五月)	仲秋 (八月)	仲冬 (十一月)
季	季春 (三月)	季夏 (六月)	季秋 (九月)	季冬 (十二月)

※ 孟: '첫 맹', 仲: '가운데 중', 季: '끝 계'
단, 이 계절표는 음력을 기준으로 하여 만든 것임.
- 존체(尊體) : 수신자를 높이기 위해 글줄을 바꾸어 올려 썼음. 존경의 뜻을 나타내기 위하여 한 글자 더 올려 쓰기도 하지만 글줄만 바꾸어도 된다.

- 복(僕) : '나 복' 자로 자신이다. 영어는 자신을 말할 때 큰 글자를 쓰지만, 한문은 겸손의 뜻으로 작은 글자로 쓴다.
- 장자(長子) : 신랑이 혼주(婚主)의 장자이면 "장자○○", 신랑이 혼주의 장손이면 "장손○○"이라고 이름을 써야 한다. 또 "長子○○ 之第二子○○(장자○○지제이자○○)", "次子○○之子○○(차자○○지자○○)", "第三子○○之子○○(제삼자○○지자○○)", "炳江之第三子○○(병강지제삼자○○)" … 등 상황에 따라 쓴다.
- 항려(伉儷) : 짝. 배필(伉: 짝 항, 儷,: 짝 려). 중국에서는 부부가 호텔에 숙박(宿泊)하게 되면 숙박부에 부부라 하지 않고 황려라 쓴다.
- 영애(令愛) : 남의 딸의 존칭. 영(令)은 '아름다울 령' 자로 접두사. 남의 아들은 영식(令息), 또는 영윤(令胤), 부인은 영부인, 손녀는 영손녀… 등으로 쓴다.
- 이 글에서 올려 써야 할 것은 "존체", "존자", "영애", "존조" 등이다.

[번역]

이병민 재배

추운 겨울에

존체(尊體) 편안하십니까? 저의 장자 상형이 나이 이미 장성했으나 아직 아내가 없었는데

존자께서

영애를 그의 아내로 삼아주실 것을 삼가 허락 받았습니다. 옛 사람의 예에 따라 삼가 납폐의 의식을 행합니다. 예를 다 갖추지 못한 점

존자께서 비추어 주시기 삼가 바랍니다. 근배 상장

임신 12월 10일

物
目

<물목봉투(物目封套)>

〈삼근봉(三謹封)의 예〉

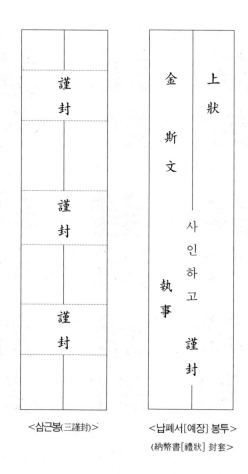

<삼근봉(三謹封)>　　　<납폐서[예장] 봉투>
　　　　　　　　　　　　(納幣書[禮狀] 封套)

※ 위의 서식에는 삼근봉(三謹封)의 글자체가 동일하게 나와 있
　 다. 지금은 한자(漢字)의 활자체가 통일되었기 때문이다. 그
　 러나 예전에는 삼근봉(三謹封)의 글자체를 각 가정마다 달리
　 썼다. 앞 페이지의 삼근봉 글자체를 참고하기 바란다.

　그러면 납폐 편지, 즉 예장의 봉투는 어떻게 쓰는가를 보자. 봉투의
크기는 내용물과 같이하면서 아래 위는 봉하지 않는다. 함函 안에 넣

어서 갈 것이기 때문에 봉하고 봉하지 않는 것은 의미가 없다.

처음 오른편 위쪽에 상장上狀이라 쓰고, 중간 접은 부분의 아래쪽에 착함著銜부터 하며, 연달아 근봉謹封이라 쓰는데, "아무는 삼가 봉했다"라는 뜻이다. 그리고 왼편에 수신자의 성姓, 신분과 직위, 집사執事 또는 하집사下執事라고 쓴다.

유의해야 할 점은 이 봉투의 허리에 띠를 세 개 두르는데, 띠마다 근봉을 적기 때문에 근봉이 세 개라고 해서 삼근봉三謹封이라 한다. 이렇게 하는 이유는 귀중한 글씨 위에는 흰 종이로 그 글자가 보이지 않게 덮는 데서 유래한 것이다. 즉 '성, 신분, 집사'라는 글씨 위에 근봉이라 쓴 종이로 덮는 데서 연유했다. 사실 실용적인 데서 출발한 것인데 후일 의식용으로 변했다.

그런데 삼근봉에서 근謹자와 봉封자의 글자체는 각각 다르게 세 가지로 썼다. 중국은 역사가 오래되고 지역이 광활하기 때문에 시대와 지역에 따라 글자체를 달리 쓴 것이 많다. 그리하다가 청나라 강희제康熙帝 때 ≪강희자전(康熙字典)≫이 나오면서 글자체가 어느 정도 통일이 되었다. 우리나라에서도 가문이나 지역에 따라 글자체를 달리 쓰다가 활자문화가 발달되자 글자체가 통일된 것이 많다. 근봉謹封이란 글씨를 붓으로 쓰다 보면 글자체가 다를 수도 있다. 특히 예장은 대개 신랑될 사람이 쓰는데, 글자체를 달리 써야 일상적인 수준을 벗어나는 신랑의 지식수준을 알 수 있었다. 이것이 세월이 흘러가면서 삼근봉은 글자체를 달리 써야 예술인이 쓴 것처럼 수준이 높아 보이게 된 것이다.

4) 함 싸는 법

마지막으로 물목에 쓴 현·훈과 예장을 함께 함 안에 넣어서 싸는 일이다. 이를 달리 말할 때는 채단을 봉한다고 봉채封采, 또는 봉치라고도 한다. 혼인은 인간대사인 관계로 잘 살기를 기원하는 부모의 정성이 온갖 곳에 다 드러난다.

첫째, 혼수함을 깨끗하게 하는 의미에서 함 바닥에 깨끗한 종이를 깔아야 한다.

둘째, 오낭五囊을 준비한다. 오낭은 동·서·남·북·중앙의 오방색五方色으로 된 주머니다. 이 주머니 안에 넣는 내용물은 지역과 가문에 따라 다르다. 이것은 유교의 예禮라기보다는 소원을 기원하는 민속에 기인한 것이다. 따라서 굳이 무엇을 넣을 것인가 고민할 것이 없다. 하지만 대략 많이 넣는 물건을 들면 다음과 같다.

① 노랑 콩(콩처럼 둥근 마음으로 살라는 뜻), ② 붉은 팥(잡귀를 쫓는 뜻), ③ 붉은 고추(생남을 기원하는 뜻), ④ 향(악취 제거), ⑤ 목화씨(솜은 생활에 유용하고, 씨는 단단하니 좋은 자손을 본다는 뜻), ⑥ 차씨(차나무는 옮겨 심지 못하므로 한 곳에 뿌리를 내리고 살라는 뜻), ⑦ 찹쌀(찹쌀궁합으로 살라는 뜻), ⑧ 조(자손이 많으라는 뜻), ⑨ 참깨(자손이 많으라는 뜻), ⑩ 수수(자손이 많으라는 뜻) 등에서 주머니 색깔과 비슷한 내용물은 가려 넣으면 된다. 유의할 점은 길사이기 때문에 가급적 양수陽數인 홀수로 가려 넣는다. 예를 들면 고추는 3개나 5개를 넣는다. 부자로 살기를 기원하면 오곡五穀을 다 넣는다.

셋째, 본래는 현·훈만 넣어도 되는데, 지금은 다른 패물도 함께 넣는다. 즉 비녀와 반지 등이다. 현·훈만 넣지 않고 패물을 많이 넣을 때는 물목을 따로 컴퓨터에서 출력해 사용하는 것이 편리하다.

넷째, 홍단은 청색 한지에 싸서 홍색 비단실로 동심결을 매어 맨 밑에 넣고, 청단은 홍색 한지에 싸서 청색 비단실로 동심결을 매어 위에 넣는다. 청홍을 반대로 싸는 것은 음양의 조화를 의미한다. 위에 납폐 편지를 넣고 깨끗한 한지로 덮는다. 과거에는 이처럼 번거롭게 했지만 지금은 그렇게 할 필요가 없다.

다섯째, 함 안에 든 혼수감이 흔들리지 않게 대나무 가지나, 싸리나무를 이용해 네 모퉁이에 십자로 활 같이 끼워 넣고 청실홍실로 감는데, 이 실이 없으면 명주실이라도 감는다. 이 실을 월로사月老絲라 했는데, 월로사는 월하노인月下老人이 인간세상 모든 남녀의 인연을 맺어준다는 이야기에 근원을 둔 것이다.

이 월하노인月下老人, 즉 '달빛 아래 노인'의 이야기는 중국에서 나온 것이며, 노인은 혼인을 주관하는 신神이다. 당唐나라 때 두릉杜陵에 사는 위고韋固가 여행을 하던 중에 본 것을 이야기한 것이다. 한 노인이 자루를 옆에 놓고 계단에 앉아 어둠 속에서 달빛을 향해 책을 열심히 살펴보고 있었다. 옆에서 보고 있던 위고가 무슨 책이냐고 물었더니 노인의 말이, "이 책은 세상 남녀의 혼인 장부이며, 자루 속에 든 물건은 붉은 끈으로, 남녀가 태어날 때 내가 몰래 두 사람의 다리를 매어 놓으면 어떠한 역경에 처하더라도 반드시 부부의 인연을 맺게 된다." 라고 했다. 이후로 사람들은 이 월노가 청실홍실로 맺어준 인연은 절대로 풀어지지 않는다고 믿었다.

이 이야기는 중국 문헌에 전해오는 것이다. 그런데 우리나라에 전래되면서 더 발전된 형태로 나타난다. 위의 월하노인月下老人이 인간 부부의 인연을 맺어준다는 말을 듣고, 한 남자가 월하노인을 보고, "그러면 나는 어떤 사람과 결혼을 하겠습니까?" 하고 물었다. 그러자 월하노인이

"당신은 어느 채소장수의 딸과 부부가 될 것이다."라고 했다. 그 말을 들은 남자는 못마땅한 생각이 들었지만 어쩔 수 없어 집으로 돌아가는데, 길가에서 어떤 아주머니가 어린 딸을 업고 채소장사를 하고 있었다. 그것을 보자 문득 저 아이가 커서 내 아내가 되면 어찌하나 하는 생각이 들었다. 그래서 즉시 지니고 있던 칼을 뽑아 그 아이의 머리를 내리쳤다. 그리고는 그 아이가 당연히 죽었으리라 여기며 살았다.

세월이 흘러 그 남자가 결혼을 했는데, 부인이 천하의 미인이었다. 다만 이마에 칼날이 지나간 큰 흉터가 있었다. 그래서 그 남자는 이상하게 여겨 어쩌다가 생긴 흉터냐고 아내에게 물었다. 그랬더니 부인이 말하기를, "어릴 때 어머니 등에 업혀있는데, 어떤 놈이 칼로 내 머리를 내리쳐서 생긴 흉터로 평생 없어지지 않습니다."라고 했다. 너무나 기가 막힌 사연이었다. 남자는 자신의 정해진 운명을 벗어나려고 기를 썼으나, 결국 그 운명이 자기 자신에게로 되돌아오고 만 것이다. 이것은 정해진 운명은 어떻게 해도 벗어날 수 없다는 것을 보여주는 설화이다. 이 부부의 인연은 천생연분으로 숙명적이라는 것이다. 후에 이 월하노인月下老人을 줄여서 "월노月老"라고도 하는데, 중매인을 가리키는 말이 되었다.

우리나라에서도 혼수함을 봉할 때 웬만하면 이 실을 사용했다. 요즘은 혼수 매점에서 화려한 상품으로 만들어 팔고 있다.

혼수를 함에 다 넣은 후에는 함 뚜껑을 닫고 함보로 싸고는 꼭 종이에 근봉이라고 써서, 함보函褓를 싼 꼭대기에 이 근봉謹封이란 띠를 끼운다. 근봉이란 본래 심부름꾼이 함을 지고 가다가 도중에 뜯어보지 못하도록 하기 위하여 쓴 것인데 후일 의식용으로 변했다. 끝으로 "무명" 베 한 필(20자) 정도로 짐방을 만들어서 함부函夫가 지고 간다.

5) 납폐 시간

고대 중국에서는 결혼을 어두울 때 했다. ≪시경≫ "진풍陳風" <동문지양(東門之楊)>장章에는 "혼이위기昏以爲期"라는 말이 있는데, 이것은 남녀가 어두울 때 만나기를 약속했다는 말이다. 어두울 때는 음양이 교차하는 시간이기 때문에 남녀가 만나기에 가장 좋은 시간이다. 이 만나는 시점에 예물을 드리는 것이다. 이에 따라 납폐도 어두울 때 행했다. 그래서 납폐納幣는 "필행어혼시必行於昏時"라고 했다. 이처럼 혼인도 어두울 때 행했기 때문에 함부函夫가 함을 지고 오면 청사등롱靑紗燈籠, 즉 청사초롱에 불을 밝혀 앞길을 인도했던 것이다. 결혼식은 어두울 때 행했으므로 당시로서는 제일 밝은 불인 촛불을 켰는데, 그것도 한꺼번에 두 개씩이나 켰다. 이 정신이 오늘날까지 이어져 밝은 대낮에 전기불이 휘황찬란한 아래에서 식을 올리면서도 다시 촛불을 켜는 것이다. 여기에서 결혼을 가리켜 화촉지전華燭之典이라는 말까지 생겼다.

세월이 바뀌어 밤에 행하던 결혼식을 아예 대낮에 하게 되자 납폐도 대개 결혼 당일 아침에 드린다. 신랑집과 신부집의 거리가 멀면 며칠 전에 출발하여 하루 전날 신부집에 닿게 하는 수도 있지만 가급적 혼일 아침에 전한다. 즉 친영할 때는 며칠 전에 보냈다고 하지만, 대개 거리가 멀 경우 일반적으로는 혼인일이 되기 전에 혼주집에 미리 당도해 묵은 후 혼인일 아침에 드렸다고 한다. 예물은 처음 만나는 자리에서 주는 것이 좋기 때문이다. 신부집에서 폐백을 받을 때에는 가까운 친척들이 다 모이고, 주인은 의관을 정제하여 탁상卓床도 준비한다. 그 위에 폐백을 놓고 주인이 폐백을 보낸 사람을 위하여 재배한다고 하지만, 요즘은 절은 잘 하지 않는다.

여기서 설명을 더 붙여야 할 것이 있다. 신랑집과 신부집의 거리가 멀면 함을 운반하기가 어렵다. 예를 다 갖추려면 심부름꾼이 따르고, 신분이 낮은 하인下人이 함을 지고 간다. 이 사람을 요즘 "함진 아비"라 하지만 굳이 말하자면 함부函夫다. "지아비 부夫" 자를 "아비 부父" 자로 잘못 읽은 것이다. 신분이 낮은 함부가 지체 높은 집안의 귀중한 함을 지게에 지고 갈 수 없어 흰 베 한 필(20자, 40자를 1필이라고도 함)로 함을 묶어서 지고 가는데, 이 베를 "짐방베"라고 했다. 이 베는 혼인날 신부가 방에서 나와 초례청醮禮廳으로 가는 길에 깔아 주고, 다음날 신랑을 묶어놓고 장난칠 때에도 쓰며, 후에 허드레로 사용하기도 했는데, 다목적 베인 셈이다. 지금은 소용없는 베이지만 아직도 옛 법도를 지켜 함 가방에 넣어주기도 한다.

흔히 TV 같은 데서 보면 전통혼례라 하면서 신부집에 함을 지고 가서 "함 사시오!" 하고 소리를 치면, 혼주와 함부는 돈 흥정을 하다가 돈이 적으면 함을 내려놓지 않고, 심지어 신부와 신부친구들까지 나와서 흥정을 한다. 하지만 이것은 우리의 전통적인 풍속이 아니다. 남녀가 유별한데 이런 일은 상상도 할 수 없다. 이런 풍속이 있다면 개화기開化期 이후 일반 상민들 사이에서 행해졌는지는 알 수 없다. 예禮의 정신은 버리고 껍데기만 남겨서 말폐末弊를 조장시키는 것이다.

신분이 낮은 함부가 어찌 감히 사대부집의 귀중한 함을 지고 와서 "함 사시오!" 하고 장난을 칠 수 있단 말인가? 예전에는 주인이 방안에 앉아 있으면 하인은 감히 섬돌 위에도 올라가지 못하고 마당에서 허리를 굽혀 인사를 했다. 그러나 먼 곳에서 함을 지고 왔다가 돌아가면 수고했다고 노자路資로 조금 쥐어주는 일은 있었다. 지금은 납폐하는 절차도 없어졌고, 있다고 하더라도 신랑이 가방에 넣어서 직접 전하니 별 문제가 없다.

필자가 사위를 볼 때에도 사위의 친구가 와서 돈 흥정을 하면 그 꼴을 차마 볼 수 없을 것 같아, 아예 사위될 사람에게 제 승용차로 함을 직접 싣고 오게 했다. 그리고 돌아갈 때 노자란 말은 하지 않고, 약간의 현금을 봉투에 넣어 친구와 저녁이나 한 번 나누라고 했으나 굳이 사양을 하는 모습이 참으로 아름다웠다. 물론 나도 그것을 되받지 않았지만, 이것이야말로 사양지심에서 나온 진짜 예이다.

고금을 막론하고 예는 번잡하면 행하지 않는다. 혼서를 쓰고 봉하는 것을 철학관이나 혼수 매점에서 전업專業으로 하는 경향이 많다. 이 것은 좋은 현상이 아니다.

필자가 서울에 사는 해군장교 출신 집안과 혼사를 정해 놓고, 사돈끼리 앉아서 요즘은 사성을 주고받고 하지 않는 경향이 있는데 어떻게 하면 좋겠느냐고 넌지시 말을 던져 보았다. 나는 사돈이 순순히 내 말을 인정해 줄 것으로 알았다. 그런데 예상치 못한 대답에 '내가 말을 가벼이 했구나.' 하는 생각이 들었다. 사돈의 말인즉, '집에 어른을 모시고 살면서 딸의 혼사를 정하고도 아무런 증표도 없이 말로만 혼인을 정했다고 하면 자식의 도리이겠느냐'고 했다. 나는 품위 있는 이 말에 깊은 감명을 받았다.

그 후 결혼 준비의 마지막 단계에 가서 또 양가의 가족끼리 자리를 같이 하여 이런 저런 이야기를 나누는데, 이번에는 안사돈이 조심스럽게 혼물상婚物商에서 예장지禮狀紙를 한 장 구해 드리면 어떻겠느냐고 의견을 떠보는 것이었다. 나는 또 한 번 놀랐다. 평소에 나는 서울 사람들은 혼서 같은데 별 관심을 가지지 않을 것이라고 생각하고 있었기 때문이었다. 그런데 뜻밖에 서울에 살면서 이처럼 혼서에 관심을 가지는 것을 보고, 혼서는 하나의 휴지조각이 아니라는 생각이 들면서 새삼 나를 일깨웠다.

가만히 생각해 보면, 상류지식층에서는 아직도 혼서를 많이 주고받는 것 같다. 내가 재직 중에 사성을 부탁하는 사람도 주로 상류층에 속하는 사람들이었다.

하기야 이런 것을 아무에게나 써 주면 고맙다고 하기보다는 장사치 취급 받기가 쉽다. 한번은 이웃에 사는 어떤 사람이 나의 장남에게 "당신 아버지에게 사성을 한 장 부탁하고 싶은데 되겠는가?" 하고 묻기에 바빠서 어려울 것이라고 사전에 거절했다고 한다. 며칠 후 우연히 산책을 하다가 길에서 그 사람을 만나게 되어 "사성은 썼느냐?" 하고 물었더니, 벌써 써 보내었다고 하면서 "같은 값이면 선생님한테 부탁하려고 했는데 안 되었습니다."라고 했다. 마치 같은 값이면 벌여놓은 상점에 마수해 주겠다는 뜻으로 들려 묘한 느낌이 들었다.

그러니 사성을 쓸 줄 아는 사람은 아무에게나 써 주려고 하지 않을 것이다. 결국 혼서와 같이 생활에 필요한 글들은 전문가가 아닌 전문가의 손으로 넘어갈 수밖에 없다. 사실 이런 편지는 있으나 마나 한 글로 되어간다. 하지만 과거의 전통은 단절되고 새로운 윤리는 방향을 제시해 주지 못하고 있으니 누구를 탓하겠는가. 짧은 이 글이나마 방향을 모색하는데 도움이 되었으면 한다.

9. 상수(床需) 편지

옛 유교 예법에는 신랑이 신부집에 가서 전안례奠雁禮만 행하고 신부를 맞이하여 신랑집으로 가서 혼례식을 했다. 이것을 친영親迎이라고 했다. 신부는 이때 와서 그대로 시집살이를 했다. 후에 이런 예식이 없어지고 신부집에서 예식을 올렸다. 신랑이 장가갈 때는 신랑의 아버지나, 아버지가 없으면 백숙부가 신랑을 데리고 가는데, 이를 상객上客 또는 후행後行, 위요圍繞라고 했다. 상객은 신부집에서 하룻밤을 자고 돌아가고 신랑은 하룻밤을 더 자고 돌아간다. 신랑은 장가간 후 자기집으로 돌아가서 어느 정도 있다가 처음으로 처가로 가는데, 이것을 재행再行이라 한다. 장가간 걸음이 초행이고 두 번째 걸음이란 뜻이다.

그런데 신부집에서 결혼식 날 많은 음식을 준비하여 이왕 벌인 잔치에 신랑을 더 잡아두고 싶으면 신랑을 보내지 않고, 처가 근처의 가까운 친척집에 보내 하룻밤을 자게 한다. 그리고 다시 신부집으로 들어오게 해 며칠이라도 묵게 하는데 이를 인재행因再行이라 했다. 본가로 돌아가지 않고 연달아 재행을 한다는 뜻이다.

그런데 상객이 하룻밤을 자고 자기집으로 돌아갈 때 신부집에서 하인을 시켜 많은 예물과 음식을 신랑집으로 보낸다. 이것을 상수床需라고 하는데, 국어사전에도 나오지 않는 말이다.

신랑이 장가를 가면 평생에 처음 받는 많은 음식을 차려나오는데 이를 "큰상"이라고 한다. 이 "큰상 음식"은 신랑 혼자서 다 먹는 것이 아니다. 나누어서 신랑 아버지, 즉 후행後行이 돌아갈 때 심부름하는 사람을 시켜 그 음식을 가지고 따라가게 한다. 이 음식 차림이 초라하면 첫 인상에 신부집 범백凡百이 낮게 보인다. 때문에 체면 손상이 없도록 마음을 써서 준비해 보내어야 한다.

신부가 시집가서 처음 받는 상도 역시 "큰상"이라 하는데, 신랑의 경우처럼 후행이 돌아갈 때 함께 친정편으로 보낸다. 이를 "큰상 음식", 또는 "상음식床飮食"이라 하고 달리 "상수床需"라고도 한다. 이 풍속도 후세에 오면서 상음식은 그대로 두고, 아예 따로 "상수음식"을 많이 장만하여 보낸다. 그런가 하면 이와 달리 상수음식을 많이 해가면서도 옛 법도를 지킨다는 뜻에서 큰상 음식을 조금 덜어서 상수음식에 보태어 보내기도 한다. 모두가 평생에 처음 받는 이 큰상 음식은 신랑신부가 자기들 혼자만 먹는 것이 아니라, 자신의 조상, 부모, 형제, 친척들까지도 나누어 먹는 풍속이라 할 수 있다. 이러한 "큰상"은 사람의 일평생에 단 세 번밖에 못 받는데, 결혼, 회갑, 그리고 죽어서 대소상 때라고 한다.

이때 물품을 보내는 물목物目과 상수 편지가 있다. 남자 혼주만 사돈에게 편지가 있는 것이 아니라 여자도 사돈서查頓書가 있는데, 여자 사돈서는 내간內簡이라고 한다. 편지 내용은 모두 사위를 잘 보아 기쁘다는 것과 보내는 상수의 예절이 초라해서 미안하다는 것이다. 다음 항목에서 그 예문을 보자.

1) 상수 물목 쓰는 법

① 床需物目(상수물목)

8	7	6	5	4	3	2	1
	← 蛤皮白北 子文文魚 魚 합피백명 자문문태 어어	雜鮎黑石 魚魚魚 장점혹조 어어어기	← 道大道生 達口味鷄 魚 도대도산 다구미닭 리	猪黃正燒 肉肉宗酒 저환정소 육육종주	← 藥淸眞白 酒酒米米 약청찹쌀 주주쌀		
	壹五壹拾 接尾尾尾 한다한열 접섯마마 마리리 리	壹五拾拾 級尾尾 한다열 두섯마마 름마리리 리	壹壹壹 尾尾首 한한한 마마마 리리리	壹參壹壹 隻丁甁甁 한삼한한 짝정병병	壹壹參五 甁壺升升 한한서닷 병통되되		
	→ 烏炙大生 曾魚棗栗 魚 오자대밤 징어추 어	林梨紅乾 禽 柿柿 능배홍곶 금 시감	→ 沈正油散 柿果果子 담정유산 근과과자 감	→ 飴明 餹席 際 엿명끝 석 자 리	癸계 卯묘 晋진 十십 陽양 二이 鄭정 月월 二이 著衙 十십 (사인 五오 하기) 日일		
	拾壹壹壹 尾箱升升 열한한한 마상되 리자	五五 拾箇 箇 오다 십섯 개개	壹 箱 한 상 자	壹 枚 한 닢			

<상수 물목 (1)>

물목을 쓰는 방법은 첫 폭은 비워두고, 오른쪽에서 시작하여 왼쪽으로 갔다가, 쓸 곳이 없으면 이어 왼쪽에서 시작하여 다시 오른쪽으로 써 간다. 옛날 문서에는 여백이 있으면 부정하게 기입할 수 있으므로 공백이 없게 하기 위함이다.

② 床需物目(상수물목)

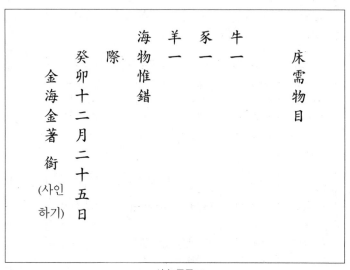

牛一
豕一
羊一
海物惟錯
際
癸卯十二月二十五日
金海金著 銜 (사인 하기)

床需物目

<상수 물목 (2)>

③ 床需物目(상수물목)

床需物目

酒 果 脯
際

癸卯十二月二十五日

金海金著
銜
(사인하기)

<상수 물목 (3)>

옛날 친영親迎할 때에는 상수床需와 상답床答이 없고, 약간의 예물만 있었다. 신부가 이미 시집으로 왔기 때문에 옷감도 보낼 필요가 없었기 때문이다.

物目

<물목 봉투(物目 封套)>

위에서 보인 세 개의 예문例文 중에서 ①의 계묘癸卯년은 1963년인 듯
하고, ②와 ③의 계묘년은 언제인지 알 수 없다. 수집 당시에 신기하여
필사만 하고 원문은 돌려주었는데, 지금 원문은 분실하고 없다. 가난한
집안의 상수물목床需物目은 적어보아도 초라해서 모양새가 나지 않는
다. 차라리 유희적인 문자로 한 번 빙그레 웃고 넘어가게 쓴 것이다.

②를 보면 소 : 1, 돼지 : 1, 양 : 1이요, 해물은 이것저것 섞여 있다고
했다. 여기서 1은 구체적으로 얼마를 말하는 것인지 알 수 없다. 오늘
날 '약간'의 뜻으로 보면 될 것이다. ≪서경(書經)≫ 중에 우禹 임금이
중국의 구주九州에 공납貢納을 받은 문서가 오늘날 <우공(禹貢)>이
다. 위에서 예로 든 ②의 상수물목은 우공의 문체를 그대로 본받은 것
이다. 작은 상수를 이런 문자로 웃으며 넘어가는 효과를 얻은 것이다.
그리고 ③의 주酒, 과果, 포脯는 간소한 예물禮物을 의미한다. 제사를 지
낼 때에도 간소하지만 정성스럽게 제사를 차릴 때 주, 과, 포만 놓고
제사를 지냈다고 한다. 또 위의 세 가지 외에 주酒, 과果, 어魚, 육肉이라
쓰는 사람도 있다.

2) 상수 편지 쓰는 법

① 床需書式(상수서식)

并世同鄕未遂荊願而今以昏姻之故擬欲得接

(병세동향미수형원이금이혼인지고의욕득접)

清範願莫之遂只增悵恨未審冬寒

(청범원막지수지증창한미심동한)

體候保重允郎骨相俊秀凡百夙就實協善擇而顧

(체후보중윤랑골상준수범백숙취실협선택이고)

我賤息蠢愚無敎愧多不量材而求配也所謂禮需

(아천식준우무교괴다부양재이구배야소위예수)

草草略略未免曷飮食之歎笑領勿嗔焉允郎看看

(초초약약미면갈음사지탄소령물진언윤랑간간)

益愛因爲再邀 尊兄以來七日與從班聯鑣幷

(익애인위재요 존형이래칠일여종반연표병)

枉以叙新誼之懷是望是望耳餘在續後不備

(왕이서신의지회시망시망이여재속후부비)

年 月 日(년 월 일)

忝弟 李〇〇 再拜(첨제 이〇〇 재배)

〈어려운 말 풀이 및 해설〉

● 갈음사지탄(曷飮食之歎) : 무엇으로 어떻게 대접할까 하는 탄식. ≪시경(詩經)≫ "당풍(唐風)" <유체지두(有杕之杜)>장(章)에 "마음속으로 좋아하나 어떻게 대접할까?(中心好之 曷飮食之)"에서 나온 말.

[번역]

같은 세상, 같은 고을에 살면서 서로 알고 지내고자 하는 소원을 이루지 못했고 혼인 관계로
맑고 법도 있는 모습을 접하려 했으나 그 소원마저 이루지 못했으니 서운함만 더합니다. 겨울 추위에
체후 보중하신지요? 신랑은 골상(骨相)이 준수하고 모든 것이 숙성하여 실로 사위를 잘 선택한 것에는 맞지만 생각해 보면 우리 집의 미천한 여식은 어리석고 가르침이 없어, 제 재주를 헤아리지 않고 배우자

를 구한 것이 참으로 부끄럽습니다. 이른바 상수(床需)는 초라해서 "무엇으로 어떻게 대접할까" 하는 탄식을 면할 수 없으니 웃으시면서 받아드려 꾸짖지 마시기 바랍니다.

신랑은 보면 볼수록 더욱 사랑스러워 인해 두 번째 맞이하려고 하니 존형(尊兄)께서는 오는 7일에 종형제(從兄弟)끼리 수레를 연이어 함께 왕림하셔서 새 사돈의 정회를 펴시기를 바랍니다.

나머지는 이후 계속 이어지기 바랍니다. 예를 다 갖추지 못합니다.

년　월　일

첨제 이○○ 재배

② 床需書式(상수서식)

世居隣里雖纖芥必相關聽矣天實佑之得忝葭誼何
(세거린리수섬개필상관청의천실우지득첨가의하)

幸如之禮席繾暖遽爾還別申悵曷已恭惟臘寒
(행여지예석재난거이환별신창갈이공유납한)

萱堂大碩人筋力岡陵 省餘友候萬加湛重帶節
(훤당대석인근력강릉 성여우후만가담중대절)

均吉區區馳溯倍徔於他時也査弟雨候粗安魯衛
(균길구구치소배사어타시야사제양후조안노위)

相保女阿亦無恙是幸何達允郞語黙行動可知法家
(상보여아역무양시행하달윤랑어묵행동가지법가)

之有素而亦可見學識之在中也看看奇愛不欲相
(지유소이역가견학식지재중야간간기애부욕상)

捨而隨俗告歸勢也奈何明日命送毋至苦望如何
(사이수속고귀세야내하명일 명송무지고망여하)

所謂禮需素以寒廚凡百兼之以時局之艱難百不
(소위예수소이한주범백겸지이 시국지간난백불)

稱一諒恕亦如何餘不備書禮惟冀尊照亮 謹拜上

(칭일양서혁여하여불비서례유기존조량 근배상)

狀(장)

癸未十二月二十四日查弟(계미십이월이십사일 사제)

李轍中再拜(이철중재배)

〈어려운 말 풀이 및 해설〉

- 가의(葭誼) : 겸가의옥수(蒹葭依玉樹)에서 나온 말. 갈대와 같이 변변치 못한 인물이 훌륭한 인물에 의지한다는 뜻. 사돈이 되었다는 말.
- 강릉(岡陵) : 여강여릉(如岡如陵)의 준말[≪시경≫ "소아" <천보(天保)>장(章)]. 언덕처럼 오랫동안 안전하고 편안함을 이른다.
- 노위(魯衛) : 형제.

[번역]

대대로 이웃마을에 살면서 비록 작은 티끌 하나라도 서로 듣고 알았는데, 하늘이 실로 도와 혼인의 정의(情誼)를 맺으니 어찌 그리 다행한가요. 예석(禮席)이 겨우 따뜻한 정도로 앉았다가 갑자기 이별하게 되니 서운함이 어찌 그치겠습니까? 공경히 생각건대 섣달 추위에 훤당(萱堂)에 계신 어머니 근력(筋力) 편안하시고, 어른을 모시는 나머지 형제간의 기체후 편안하시며, 가솔(家率)들도 모두 편안하신지요? 저의 작은 정성 다른 때보다 몇 배로 쏠립니다. 사제(查弟)는 부모님 양위분 별고 없이 잘 계시고, 형제들도 서로 편안하며 저의 딸도 별탈이 없으니 다행입니다.

신랑은 일어(一語) 일묵(一默)과 모든 행동이 법도 있는 가문의 소양을 알 수 있겠고, 또 학식이 안에 쌓인 것을 볼 수 있었습니다. 보면 볼수록 기특하고 사랑스러워 보내고 싶지 않으나, 세상 풍속 따라 형편상 돌려보내야 하니 어찌 하겠습니까. 내일 돌려보내겠으니 심히 기다리지 않는 것이 어떠하겠습니까? 소위 상수는 본래 한미(寒微)한 살림살이에다가 겸해 시국마저 어려워 백에 하나도 갖추지 못했으니 용서해

주십시오. 나머지는 다 갖추지 못합니다. 다만 존자께서 살펴주시기
바랍니다. 삼가 글월 올립니다.

　　계미 12월 24일 사제

　　이 철 중 재배

③ 內簡(내간) 편지

ㄱ) 신부어머니의 상수 내간 편지

－신부의 어머니가 신랑의 어머니에게 하는 편지로, 봉투에는 "근
배 상장謹拜上狀"이라 씀－

　　양(兩) 곳에서 월노(月老) 인연을 맺어 기다리고 바라던 길
일(吉日)이 어언(於焉) 닥쳐 옥랑(玉郞)을 동상(東床)에 맞아보
니 실로 풍채(風采)는 석상(席上)의 진주(珍珠)로다.* 마침 일
길신량(日吉辰良)하여 전안례(奠雁禮)를 무사순정(無事順呈)
하였사오니 막비천조지연(莫非天助之緣)이라. 반갑기 측량없
사오며 이렇듯 춘화(春和)에* 사형(査兄) 기체후(氣體候) **만안**
(萬安) 하시옵고 밖사돈 행리보중(行履保重) 하였사오며* 슬
하제절(膝下諸節) 두루 태평(太平) 하시온지 알고져 구구원문
(區區願聞)이옵고, 이곳 사제(査弟)는 별고(別故) 없고 제절(諸
節)이 여전(如前)하나 여아(女兒)는 본질(本質)이 초췌(憔悴)한
중, 대례(大禮)에 시달려 더욱 수괴수괴(瘦軀瘦軀). 저희 내외
(內外) 원앙(鴛鴦)이 녹수(綠水)로 안전(眼前)에 노니는 듯, 인
간 자미(滋味) 사제(査弟) 혼자 온 듯.* 소위(所謂) 상수범절(床
需凡節)은 하나도 보잘 것 없사오니 **만분**(萬分) 늘러받자와 용
서하시기를 바라옵고 그만 올리나이다.

　　연　　월　　일

　　　사제(査弟)　　　성(姓)　　　상장(上狀)

※ 이 책에 옮긴 신부 어머니의 상수 편지, 새며느리의 문안 편
지와 신랑 어머니의 상수 편지 답장, 시어머니의 새며느리 문
안 편지에 대한 답장 등 내간 편지 4편은 필자가 1977년 8월
에 복사해 둔 것인데, 지금 어느 책인지 알 수가 없어 더 참고
하지 못했다. 다만 원문의 고어를 현대국어로 바꾸고 괄호 안
에 한자를 넣었다.

〈어려운 말 풀이 및 해설〉

• 석상(席上)의 진주(珍珠)로다 : 유학자의 학덕을 진주에 비유한 말.
• 춘화(春和) : 봄기운이 따뜻함. 계절에 따라 달리 씀.
• 행리(行履) 보중 하였사오며 : "무사(無事) 회환(回還) 하시니잇가"
로 쓰기도 함.
• 혼자 보는 듯 다음에 '회보(回報) 극망(極望)은 만금(萬金) 현서(賢
婿) 무사득달(無事得達) 평안호소식(平安好消息)'이라는 말을 많
이 쓴다.

ㄴ) 새며느리의 문안 편지

－새며느리가 시어머니에게 문안하는 편지, 어머니 편지와 동봉하
여 보냄－

　　어머님전 상사리
　　문안 아뢰옵나이다. 이렇듯 일기 고르지 못한 이때에 어머
님 외내분(外內分) 수운(壽運)이 만왕(萬旺)하시옵고 혼문제절
(渾門諸節)이 두루 균안(均安) 하시오며 어린 아가씨들 충실
튼튼한지 알고저 구구불임하성지지(區區不任下誠之至)로소이
다. 이곳 자부(子婦)는 하념(下念) 입사와 면식(眠食)이 여전
(如前)하옵고 양당(兩堂)* 기후(氣候) 겨우 지버시니 복행복행
(伏幸伏幸)이로소이다. 연(然)하옵고 아옵고저 문안 아뢰옵고

버버 복축(伏祝)은 어머님 양위분(兩位分) 수복만강(壽福萬康)
이로소이다.

   연 월 일
    자부(子婦) 배상(拜上)

    〈어려운 말 풀이 및 해설〉

● 양당(兩堂) : 친정 부모

10. 상수 편지와 새사돈 청하는 편지[再邀(재요)]

 舊誼攸在又結新誼喜何可言未審

 (구의유재우결신의희하가언미심)

 返斾利稅體候保重忝弟依夫昨狀更何繁言允郎

 (반패이세체후보중첨제의부작상갱하번언윤랑)

 凡百熟就看看益愛而隨俗告歸薪悵薪悵禮需寒

 (범백숙취간간익애이수속고귀신창신창예수한)

 廚凡百物不成儀未免曷飮食之歎笑領若何再邀似

 (주범백물불성의미면갈음사지탄소령약하재요사)

 在某日間伊時命送而尊駕亦幷枉是望是望

 (재모일간이시명송이존가역병왕시망시망)

  年 月 日 忝弟 金炳國再拜

 (년 월 일 첨제 김병국재배)

<h2 style="text-align:center">〈어려운 말 풀이 및 해설〉</h2>

- 구의(舊誼) … 미심(未審) : 荊識甚喜蓬散旋悵(형식심희봉산선창 – 서로 알게 되어 매우 기뻤는데, 쑥꽃처럼 흩어지니 도로 슬픕니다) 또는 婚姻之故旣見君子云何其喜但白駒未縶薄言旋歸秖增悵然未審(혼인지고기견군자운하기희단백구미집박언선귀지증창연미심 – ≪시경(詩經)≫의 문체를 본떠서 혼인관계로 이미 군자를 만나보게 되었으니 그 기쁨 어찌 다 말하리잇가. 다만 타고 가실 백구를 못 떠나게 매어두기 전에 곧 돌아가시니 서운함만 더합니다)로 시작하기도 한다.
- 윤랑(允郞) : 東床嘉客(동상가객 – 동상의 반가운 손님)으로 쓰기도 함.
- 범백숙취(凡百熟就) : 모든 것이 성숙함. 이 말 대신에 "丰儀(봉의 – 아름다운 모습)"로 쓰기도 함.
- 신창(薪悵) : "신(薪)"자가 '섶 신'자이므로 섭섭하고 슬프다는 뜻. 이두식 표현이다.
- 간간(看看) … 신창(薪悵) : 實協樂廣之擇而自顧賤息愧非樂廣之女(실협악광지택이자고천식괴비악광지녀 – 사위는 실로 옛날 악광이 선택한 사위와 같이 훌륭하나, 스스로 생각해 보건대 미천한 저의 딸은 악광의 딸만 못한 것이 부끄럽습니다)로 쓰기도 함.
- 예수(禮需) … 약하(若何) : 禮需未免存羊愧顏居先恕量若何(예수미면존양괴안거선서량여하 – 예로 보내는 음식은 형식만 갖춤을 면하지 못했으니 부끄러움이 앞섭니다. 헤아려 용서해 주는 것이 어떻겠습니까?)로 쓰기도 함. 혼서(婚書)에서 "존양(存羊)"이라는 말이 많이 쓰이므로, 아래에서 자세한 설명을 붙인다.
- 존양(存羊) : 명칭 또는 형식만 갖추는 일. 이는 곡삭지례(告朔之禮)에서 나온 말이다. '곡삭지희양(告朔之餼羊)'이란 말과도 관계가 깊다. 옛날 천자가 매년 계동(季冬, 12월)에 다음해의 열두 달 책력을 제후에게 나누어주면, 제후는 이것을 받아가지고 선조(先祖)의 종묘에 간직해 두었다가 매달 초하루에 희생으로 쓰이는 양(羊)을 바치고 종묘에 고한 후, 그 달의 책력을 꺼내어 나라 안에 폈다. 노(魯)나라 문공(文公)에 이르러 이런 일은 없어지고, 다만 양을 바치는 습관만 남았으므로 '존양(存羊)'이란 "쓸데없는 비용

이나 허례(虛禮)"의 뜻으로 쓰였다. 그래서 민중서관의 『한한대자전(漢韓大字典)』에서도 '존양지의(存羊之義)'라 하면 "구례(舊例) 또는 허례(虛禮)를 짐짓 버리지 아니하고 그대로 두는 일"이라고 했다. 이러한 까닭에 자공(子貢)이 곡삭에 쓰이는 희생양을 없애고자 했다. 이에 공자께서 "사(賜, 자공의 이름)야, 너는 그 양을 아끼느냐? 나는 그 예(禮)를 아끼노라."라고 했다. 허례지만 양을 바치는 일이라도 계속하면 그 명칭이 남아 있어, 이로 인해 후일 그 실상이 살아날 수 있을 것이라는 뜻이다. 따라서 사전적인 뜻으로는 "존양"을 허례라 하지만, 우리나라 한문에서는 그 "명칭" 또는 "형식"이란 뜻으로 쓰인다. 명칭이나 형식이라도 있으면 내용이 살아날 수 있을 것이라는 한 차원 높은 의미다. "존양"이라는 말은 《논어》 "팔일(八佾)" 3에 나오는 말로, 특히 혼서의 상수 편지에 많이 쓰인다.

- 첨제(忝弟) : 욕되게 제(弟)의 자리를 더럽혔다는 겸양의 말. 사돈 간에 흔히 쓰고 있으나, 우리 국어사전에는 등재되지 않은 말이다.

[**번역**]

예로부터 정의가 있었는데, 또 새 정의를 맺으니 그 기쁨을 어찌 다 말하겠습니까?

잘 돌아가시고 체후 보중하신지요? 저는 어제와 같은 모습이니 어찌 다시 번거로이 말씀드리겠습니까? 신랑은 모든 것이 숙성하여 보면 볼수록 사랑스러우나 세상 풍속 따라 돌려보내니 매우 섭섭합니다.

상수(床需)는 한미한 살림살이에 모든 것이 모양을 이루지 못하여 "무엇으로 어떻게 대접할까" 하는 탄식을 면할 수 없습니다. 하지만 웃으시며 받아주는 것이 어떠하겠습니까?

다시 청하는 일은 ○일간에 있을 것 같으니 그때 신랑을 보내주시고 존형(尊兄)께서도 함께 왕림하시기 바랍니다.

年　　月　　日
　　　제 김병국 재배

<사돈서 봉투>

11. 상수에 답하는 편지(床需答書)

유교의 예(禮)는 서로 왕래하는 것을 중요시한다. 이를 "예상왕래禮 尙往來"라고 했다. 즉 받으면 반드시 갚을 줄을 알아야 한다. 상수도 마찬가지로 상수를 받기만 하고 답이 없으면 실례다. 따라서 상수에 대한 답이 "상답床答"이다. 더욱이 혼인 때 신부집에서 과중한 부담이 있었는데, 신랑집에서는 받고만 있을 수 없다. 약간의 돈을 넣으면서 완곡하게 표현하여 시부모媤父母의 이불을 해 온 대금이라고 해서 "침금枕衾채"("채"란 대금이란 뜻의 지방말)라 했다. 각종 화장품과 패물은 함 보낼 때 보내기도 하고 상답에 넣어 보내기도 한다.

결혼한 신부가 1년간 친정에 머물기 때문에 시집가서 입을 옷감도 넣는다. 시집가서 평상시에 입을 옷을 이때 지어 오라는 뜻이다. 쌀, 찹쌀, 콩 등도 넣는다.

이 때 상수를 받고 고맙다는 편지가 있어야 한다. 안사돈도 편지가 있어야 하는데, 제 손으로 쓰지 못하면 대필이라도 해야 한다. 편지 내용은 상수를 많이 보낸데 대한 감사와 상답이 초라해서 미안하다는 내용을 쓴다.

신부는 친정에 있는 1년 동안 붓글씨와 문학을 익히고 부녀의 행실을 닦는다. 옛날에는 신부가 결혼한 1년 후에 시집에 가므로 옷을 해오라고 상답을 뒤에 보냈지만, 지금은 결혼과 동시에 신부가 바로 시집으로 가기 때문에 상수와 상답을 같이 보내면서 이를 봉채封采라고 한다.

① 床需答書(상수답서)

荊願已遂喜不自勝而散如飛蓬旋悵何言未審宵
(형원이수희불자승이산여비봉선창하언미심소)

漢數回更詢(한수회갱순)

萱幃大碩人壽韻康旺(훤위대석인수운강왕)

侍中棣體候塤篪唱和共怡樂於北堂之前否區區
(시중체체후훈지창화공이락어북당지전부구구)

願聞者實情也某奉老度日無一奏慶而今取婦升堂
(원문자실정야모봉노도일무일주경이금취부승당)

喜溢門楣遶以告歸薪悵薪悵禮物色色燦爛輝人
(희일문미거이고귀신창신창예물색색찬란휘인)

耳目何其過奢也我無所答還愧居先幸 賜仁恕
(이목하기파사야아무소답환괴거선행 사인서)

焉自後所欲祇在源源合席以叙新誼之深而南北
(언자후소욕지재원원합석이서신의지심이남북)

隔遠恨未易奉唔或可以書替面否以是切望切望耳
(격원한미이봉오혹가이서체면부이시절망절망이)

餘不宣惟希 情照(여불선유희 정조)

〈어려운 말 풀이 및 해설〉

- 소한(宵漢) : 하늘, 즉 날이 바뀌었다는 말.
- 훤위(萱幃) : 萱堂(훤당)과 같은 말. 어머니의 아칭(雅稱)
- 대석인(大碩人) : 어머니.
- 체후(棣候) : 형제의 체후. ≪시경(詩經)≫ "소아(小雅) · 녹명(鹿鳴)"
  <상체(常棣)>장(章)에 "常棣之華 鄂不韡韡, 凡今之人 莫如兄弟(상
  체지화 악불위위, 범금지인, 막여형제)-산앵도나무꽃 활짝 피지 아

니했는가. 무릇 지금 사람은 형제만한 이가 없느니라"에서 온 말.
- 훈지상화(塤篪相和) : 형은 질나팔을 불고, 아우는 이에 화답하여 저를 분다는 뜻으로 형제가 서로 화목함을 이름. ≪시경(詩經)≫ "소아(小雅) · 소민(小旻)" <하인사(何人斯)>장(章)에 "伯氏吹塤 仲氏吹篪(백씨취훈 중시취지)-백씨는 질나팔 불고, 중씨는 저를 분다."에서 온 말.
- 북당(北堂) : 주부 또는 어머니가 거처하던 곳.
- 신창(薪悵) : 신(薪)은 '땔나무 신' 자인데, 땔나무를 우리 고어로 "섶"이라고 한다. 따라서 "신창"은 "섭섭하고 슬프다"는 뜻이다.

[번역]

서로 알고 지내고자 하는 소원이 이미 이루어져 기쁨을 말할 수 없었으나 바람에 휘날리는 쑥꽃처럼 흩어지니 도리어 서운함을 어찌 다 말하겠습니까? 그동안 며칠이 지났으니

어머니 안강하시고

모시면서 형제간도 서로 화목하여 북당(北堂) 앞에서 기쁘고 즐거우신지요. 저의 작은 정성으로 듣고자 하는 것이 진실한 심정입니다.

저는 늙으신 부모님을 모시고 세월을 보내면서 하나도 경사스러움을 말할 것이 없었는데, 이제 며느리를 보아 청에 오르니 기쁨이 가문에 넘쳤으나 갑자기 집으로 돌아가니 섭섭합니다.

상수는 형형색색이 찬란하여 사람의 이목을 휘황하게 하니 어찌 지나치게 과분합니까? 나는 답할 것이 없으니 도리어 부끄러움이 앞섭니다. 인자하신 마음으로 용서해 주시기 바랍니다.

이후로 바라고 싶은 것은 연이어 한 자리에 같이 앉아 새로운 정의를 펴고 싶으나 남북이 멀리 떨어져 이야기를 나눔이 쉽지 않을 것이 한스럽습니다. 혹시 편지로 뵙는 것을 대신할 수 있을지 간절히 바랍니다. 나머지는 다 펴지 못합니다. 다만 정으로 비추어 주시기 바랍니다.

② 床需答書(상수답서)

荊識甚喜蓬散旋悵未審夜謝(형식심희봉산선창미심야사)

春堂氣力康健(춘당기력강건)

省下體度保重 僉節均吉否遠外勞禱忝弟昨暮

(성하체도보중 첨절균길부원외노도첨제작모)

還家一無指何幸幸耳新婦德儀可卜宜家之慶喜何可

(환가일무지하행행이신부덕의가복의가지경희하가)

言禮需色色燦爛輝人耳目何其過奢不若儉約之爲

(언예수색색찬란휘인이목하기과사불약검약지위)

愈也答儀草草蔑如還愧居先餘忽忽不盡宣

(유야답의초초멸여환괴거선여총총불진선)

年 月 日(년 월 일)

忝弟 李炳敏再拜(첨제 이병민재배)

[번역]

서로 알게 되어 매우 기뻤는데 곧 바람에 쑥꽃처럼 흩어지니 도리어 서운합니다. 하루 밤이 지났는데
춘부장 기력 강건하시고
모시는 체도 보중하시며 모두들 편안하신지요. 멀리서 빕니다. 저는 어제 저물 무렵에 집에 돌아왔는데, 한 가지도 뭐라 지적할 것이 없으니 다행입니다. 신부는 덕성스러운 모습이 가정을 화목하게 할 경사를 점칠 수 있으니 기쁨을 어찌 다 말하겠습니까? 상수(床需)는 형형색색이 찬란하여 사람의 이목을 휘황하게 하니 어찌 그리 지나치게 화사한지요. 차라리 검약(儉約)함만 못합니다. 답례는 초라해서 보잘 것이 없으니 도리어 부끄러움이 앞섭니다.
나머지는 총총(忽忽) 다 펴지 못합니다.
년   월   일
제 이병민 재배

③ 床需答書(상수답서)

醮筵一夜話可謂傾困倒廩而 華幅又存感荷可

(초연일야화가위경균도름이 화록우존감하가)

言仍謹審此辰(언잉근심차신)

體候保重實協樂聞忝弟昨暮還巢一無指何幸幸

(체후보중실협낙문첨제작모환소일무지하행행)

耳新婦德儀可卜宜家之慶而自顧家兒昏愚還愧

(이신부덕의가복의가지경이 자고가아혼우환괴)

不量才而求配也禮需色色燦燦輝人耳目實爲望外

(불량재이구배야예수색색찬찬휘인이목실위망외)

何過謙而至於愧汗竟趾云也答儀草草蔑如莞納

(하과겸이지어괴한경지운야답의초초멸여완납)

而忽嗔是望是望耳餘惟冀(이홀진시망시망이여유기)

尊體益康不宣(존체익강불선)

　　年　月　日(년 월 일)

　　　李○○ 再拜(이○○ 재배)

〈어려운 말 풀이 및 해설〉

* 야(夜) : "야(夜)" 대신에 "일(日)" 자를 쓰기도 한다.
* 경이(慶而) : 다음에 "歸于庭喜溢門楣(귀우정희일문미 — 가정으로 돌아오니 기쁨이 가문에 넘쳐난다)"를 넣기도 한다.

[번역]

초례(醮禮) 자리에서 하룻밤 이야기를 나누어 가슴 속의 회포를 모두 털어놓고 말했다고 할 수 있는데, 이어 또 귀중한 편지를 보내시니 감사함을 어찌 다 말하겠습니까? 삼가 살피건대 이때 체후 보중하시다니 참으로 반갑습니다. 저는 어제 늦게 집에 돌아왔는데, 하나도 어떠하다 지적할 일이 없으니 다행입니다.

신부는 덕성스러운 모습이 가정을 화목하게 할 경사를 점칠 수 있으니, 스스로 생각하건대 가아(家兒)가 혼미하고 어리석어 제 재주도 헤아리지 않고 배우자를 구한 것이 도리어 부끄럽습니다.

상수는 형형색색이 찬란하여 사람의 이목을 휘황하게 하니 참으로 바라지도 않은 일입니다. 그런데도 어찌 지나치게 겸양하여 '부끄러운 땀이 발끝까지 흐른다'고 하셨습니까.

답례는 초라하고 보잘 것이 없으나 웃으시며 받아드려 꾸짖지 마시기 바랍니다. 나머지는 존체 더욱 안강하시기 빕니다. 예를 다 하지 못합니다.

      년 월 일

      이○○ 재배

④ 床需答書(상수답서)

夙仰高風幸結連楣恩感義重罔知所以攸在兒還

(숙앙고풍행결연미은감의중망지소이유재아환)

獲承先施 寵函尤何等鳴謝況審臘沍

(획승선시 총함우하등명사황심납호)

聯床棣樂湛翕兒子癡如豚犬幼無所敎長而出遊

(연상체락담흡아자치여돈견유무소교장이출유)

遠方頓不知進退之節惟願猛加誘督俾臻爲人之

(원방돈불지진퇴지절유원맹가유독비진위인지)

道則所賜大矣所以贅託 高門良有以也新婚凡百

(도즉소사대의소이췌탁 고문양유이야신혼범백)

何如是豐且侈也無物仰答愧赧愧赧來汝之敎雖

(하여시풍차치야무물앙답괴난괴난래여지교수)

是例也顧歲已迫矣雨且戲焉末由遂意第俟陽和後

(시예야고세이박의우차희언말유수의제사양화후)

出脚計矣餘在續後源源不宣書禮

(출각계의여재속후원원불선서례)

癸卯臘月念六日 忝弟 李達洙 拜謝

(계묘납월념육일 첨제 이달수 배사)

[번역] - (상수 편지에 답함)

오래 전부터 높으신 풍도(風度)를 우러러보고 있었는데, 또 다행히 혼인을 맺으니 은혜에 감동하고 덕의(德義)가 중하여 몸 둘 바를 모르겠습니다. 아이가 처가에서 돌아올 때에 먼저 보내신 귀중하신 편지 받으니 더욱 어떻게 답을 해야 할지 모르겠는데, 하물며 섣달 추위에

형제분이 탑상을 맞대고 앉아 함께 화락하심을 앎에 있어서이겠습니까. 우리 아이는 돼지, 개와 같이 어리석은 데다 어려서는 가르친 것도 없고, 성장해서는 먼 곳에 돌아다니느라 인간 예의 절차를 조금도 모릅니다. 다만 바라건대 많이 가르치고 독려하여 사람의 도리를 알게 해주시면 베풀어 주신 것이 클 것입니다. 고문(高門)에 장가 들인 것도 실로 이 때문입니다. 신혼의 범절(凡節)은 어찌 이렇게 풍부하고 호사합니까? 우러러 올리는 답례는 볼품이 없으니 부끄러워 얼굴이 붉어집니다.

한 번 다녀가라는 말씀은 비록 신혼 초의 관례이기는 하나 생각해 보면 세말(歲末)이 박두한데다가 비까지 내리니 뜻을 이룰 수 없을 것 같습니다. 다만 화창한 봄철을 기다려 나갈 계획입니다.

나머지는 이후 계속 연이어 소식 있기를 기대합니다. 예(禮)를 다 펴지 못하고 편지 올립니다.

계묘 12월 26일 첨제 이달수 재배

⑤ 內簡答書(내간답서)

ㄱ) 신랑어머니의 답장 내간 편지

-상수 편지의 답장인 상답편지, 신랑의 어머니가 신부의 어머니에게 답하는 편지-

이곳 미거(未擧)한 가아(家兒)를 두고 존문(尊門)에 청조(靑鳥)* 트니* 천정연분(天定緣分)으로 월노가약(月老佳約)을 맺어 길일(吉日)이 닥쳐 부자분(父子分) 행차(行次)를 치송(治送)하고 환패(還旆)를 고대(苦待)하던 차에 마침 회정(回庭)하시와 이곳* 자부(子婦) 화용월태(花容月態)와 청의부덕(淸儀婦德)을 못내 길러시니* 의가행복(宜家幸福)이로소이다. 겸(兼)하와 마치 존찰(尊札)을 받아 자자봉독(字字奉讀)하니 관관정화(款款情話)는 연련만폭(戀戀滿幅)에 우리 신사의(新査誼) 무궁무진(無窮無盡)이온 듯. 장차 이러나 사돈(査頓)께옵서 외내분(外內分) 초례(醮禮) 골몰(汨沒)이신 중 기체후만강(氣體候萬康)하오시며 슬하첨절(膝下僉節)이 두루 균안(均安)하시고 일문첨후(一門僉候)와 각곳 영사간(令査間) 소식 연속태평(連續太平)하옵시며 그곳 자부(子婦)도 대례후(大禮後) 모시고 면식(眠食)이 충근(忠勤)하여 춘풍(春風)에 화초(花草) 같이 화기융융(和氣融融) 하온다 하오니 구구하념(區區下念)이로소이다. 이곳 사제(査弟)는 별대탈(別大頉) 없고 슬하(膝下)도 여전(如前)하니 다행이라 아사형씨(我査兄氏) 상수범절(床需凡節)은 너무나 과념(過念)하시며 일동첨시(一洞瞻視)에 칭찬이 자자(孜孜)하니 오문생광(吾門生光)은 일구난설(一口難說)이오나 소위(所謂) 상답(床答)은 한 가지 보잘 것 없으니 사형씨(査兄氏) 섭섭함은 고사하고 자부아심(子婦兒心)에 더욱 어떠하며 대촌첨시(大村瞻視)에 괴참(愧慙)을 어찌 면하리까? 사형씨(査兄氏) 너그러우신 도량(度量)으로 용서하기만 믿삽고 단문주지(短文周之) 못하고 이만 이압나이다.

연　월　일
사제(査弟)　성(姓)　상장(上狀)

〈어려운 말 풀이 및 해설〉

- 사돈간(查頓間)의 호칭 : 사형(査兄)과 사제(査弟)는 사돈의 평교
간(平交間)에 쓰며, 사돈이 연장(年長)일 때에는 자신은 사소제(査
少弟)라 하고, 사장(査丈)일 경우에는 상대방은 사장(査丈), 자신
은 사하생(査下生)이라고 쓴다.
- 청조(靑鳥) : 사자(使者), 또는 편지. 동방삭(東方朔)이 푸른 새가
온 것을 보고 서왕모(西王母)의 사자라고 한 고사에서 나온 말.
- 트니 : 통하니
- 이곳 자부 : 내 자부
- 길러시니 : 기리시니

ㄴ) 새며느리의 문안 편지에 시어머니의 답장

너의 옥필(玉筆)을 받아 양손에 마주 들고 자세히 살펴보니
보고 볼수록 너의 옥안(玉顏)이 지면(紙面)에 완연(宛然)한 듯
눈을 뜻이 전혀 없다. 연(然)이나 요사이 화류춘창(花柳春暢)
에 사돈(査頓)께옵서 외내분(外內分) 기체후(氣體候) 일향만강
(一向萬康)하옵시며 너의 일신(一身)도 선식(善食) 윤택(潤澤)
하며 일문(一門)이 두루 균안(均安)들하냐? 심상소망(尋常所
望)이로다. 이곳 시모(媤母)는 아직 연고(緣故)없고 너의 시부
(媤父)께옵서 초행(醮行)에 너의 용모거동(容貌擧動)을 보시고
생자정(生慈情) 못버 길려시어 다시 보고자 일념(一念)이 구구
(區區)하신다. 연(然)이나 상답(床答) 한 가지 총이(寵異)한 것
없으니 너의 아심(兒心)에 오직 서운하겠냐. 외우 절탄(切歎)
이다. 할 말 많으나 정신 수수 이만이다.

연   월   일

시모(媤母)   답(答)

● 외우(=외오) : 외따로, 멀리.

위에서 예문으로 든 "상수 편지"와 "상수 회답편지"의 내용을 다음과 같이 요약해 볼 수 있다.

먼저 편지의 시작 부분에서 좋은 사돈을 만나게 되어 기쁘다는 것이다. 옛날 편지에 좋은 친구와 알게 된 것을 "형식荊識"이라고 써 왔다. 마침 이 혼서婚書에서도 이 말을 많이 쓰고 있다. 이 말은 "이태백李太白이 한형주韓荊州에게 보내는 편지[與韓荊州書]"에서 나온 것이다. 한형주는 바로 당나라 문장가 한유韓愈인데, 그가 형주자사荊州刺使를 역임했기 때문에 이름 대신에 "형주"라고 쓴 것이다.

이 편지의 첫머리에 이백이 "나는 듣건대 천하에 담론談論하는 선비들이 서로 모여서 논하기를, 살아서 만호후萬戶侯 봉작封爵 받는 일 쓸데 없고 다만 한번 한형주를 아는 것이 소원이다."라는 데서 나온 말이다. 말하자면 만호후가 되는 것보다 한형주와 한번 사귀어 인정을 받는 것이 낫다는 것이다.

우리는 상수를 보내며 하는 편지에서 "형식심희(荊識甚喜 - 형주를 알게 되어 매우 기뻤다)"이라든가, "미수형식(未遂荊識 - 형주 앎을 이루지 못했다)"이라는 말을 쉽게 접할 수 있었다. 이를 통해 혼인은 단순히 신랑신부 두 사람의 결합이 아니라 사돈끼리의 좋은 친구가 되는 데도 큰 의미를 두고 있었다는 것을 알 수 있다.

다음으로는 새사위를 보았기 때문에 사위에 대한 칭찬이 없을 수 없다. 사위를 두고 "준수俊秀하여 보면 볼수록 더욱 사랑스럽다[看看益愛(간간익애)]"라는 등의 표현을 쓰는 것이 바로 그것이다.

이와 반대로 상수를 받는 신랑집의 회답편지에서는 신부의 덕성스러운 모습이 가정을 화목하게 할 것이라고 칭찬한다. 또 상수는 형형색색形形色色이 찬란하여 지나치게 사치스럽다는 말을 쓰면서, 대신에 답례는 보잘 것이 없다고 미안해한다. 뿐만 아니라 자신의 아들을 말할 때도 "재주도 헤아리지 않고 훌륭한 배우자를 구한 것이 부끄럽습니다."라거나, 자신의 아들을 일러 "돈견豚犬과 같다."라고 겸사를 쓴다.

위의 두 가지 왕래하는 편지는 작은 장점이라도 서로 칭찬을 아끼지 않으면서 긍정적이고 희망적인 데에 의미가 있다. 여기서 편지의 예문을 여러 개 든 것도 혼사 때 우리 조상들이 과연 무엇을 생각했는가를 이해하자는 뜻에서이다.

12. 기타

1) 신랑 후행(後行) 후 돌아가서 하는 편지

— 新郎後行還家後上書(신랑후행환가후상서)

薰德未洽薄言辭退悵恨曷已忽已夜禪伏惟
(훈덕미흡박언사퇴창한갈이홀이야선복유)

燕養履用聯棣沖裕寶覃萬慶區區不勝瞻仰之私
(연양이용연체충유보담만경구구부승첨앙지사)

某昨暮還巢渾節無警幸私幸私第新人淑儀姿容
(모작모환소혼절무경행사행사제신인숙의자용)

歸詫兩庭喜溢眉睫人家慶福此外何喻伏冀歲除
(귀타양정희일미첩인가경복차외하유복기세제)

紗薄(사박)　　　下生 李相瓘二拜(하생 이상관이배)

體候餞迓萬祉不備上候書(체후전아만지부비상후서)

癸卯十二月卄五日(계묘십이월입오일)

[번역] - (사장에게 하는 편지)

덕의(德義)의 향기에 오래 젖지 못하고, 곧 작별하고 물러나니 한 됨이
어찌 그치겠습니까? 갑자기 하룻밤이 지났으니 삼가 생각건대
평안이 기르며 실천해 가시는 체후 형제분이 탑상을 맞대고 온화하고
여유가 있으며, 가솔들도 매우 경사스러운지 우러르는 작은 정성 말할
수 없습니다.
상관은 어제 저물게 집으로 돌아왔는데 온 집안이 별고 없으니 다행입
니다. 다만 신부의 정숙한 모습과 용모는 돌아와서 부모님께 자랑하니
기쁜 빛이 눈썹 사이로 넘쳤습니다. 가정에서 경사스러운 복을 이밖에

무엇을 이르겠습니까? 삼가 바라건대 세말이 박두했으니 체후 송구영신하면서 복 많이 받으시기 바랍니다. 예를 다 갖추지 못하고 안부 편지 올립니다. 하생 이상관 재배.

　　　　계묘 12월 25일

2) 장가간 신랑이 돌아와서 장인에게 하는 편지

　－新郎還家上外舅書(신랑환가상외구서)

　辭退後有日下懷伏悵伏未審送迎之際
　　(사퇴후유일하회복창복미심송영지제)
　春堂氣力康健(춘당기력강건)
　侍中體候萬相 僉節咸禧否溯仰伏祝外甥無撓
　　(시중체후만상 첨절함희부소앙복축외생무요)
　返庭庭候粗寧餘無告警幸私耳餘伏祝
　　(반정정후조녕여무고경행사이여복축)
　氣候迓新餉福不備上書(기후아신향복불비상서)
　　　年　月　日(년 월 일)
　　　　外甥 李○○ 再拜(외생 이○○ 재배)

　　　[번역] － (신랑이 돌아와서 장인에게 올리는 편지)
작별하고 떠나온 후 며칠이 지나니 하회(下懷) 섭섭합니다. 송구영신(送舊迎新)의 이 때
춘당(春堂) 기력 강건하시고
모시는 중 기체후 만안하시며 모두들 복되신지요. 우러러 기원하며 삼가 빕니다. 사위인 저는 별일 없이 집으로 돌아오니 부모님도 잘 계시고, 나머지 아뢸 만한 일이 없으니 다행입니다. 삼가

새해를 맞아 기체후 복을 누리시기 빕니다. 예를 다 갖추지 못하고 글
월 올립니다.

　　년　월　일

　　사위 이○○ 재배

　옛날 신랑이 장가갔다가 자기 집으로 돌아가게 되면, 나이 어린 신랑
이 길도 잘 모를 수도 있어 처남이나 처사촌을 같이 가게 한다. 그래도
처가의 어른들이 잘 돌아갔는지 궁금히 여긴다. 다만 몇 자라도 적어
안부를 전하면 처족妻族들도 기특하게 여길 것이다. 그러므로 간단한
예문을 보인다. 요즘 같으면 전화라도 한 통 하는 것이 예일 것이다.

<사위가 장인에게>

3) 신행(新行) 전 시가(媤家)에 예물 보낼 때의 사돈 편지

옛날 결혼을 하고 나면 신부가 시집으로 가야 한다. 이를 새로운 걸음이라 하여 "신행新行"이라 하고, 달리는 "우귀于歸"라고도 하는데, 이는 ≪시경≫ "주남周南" <도요(桃夭)>장章에서 나온 말로 "귀歸" 자에 "시집가다"라는 뜻이 있기 때문이다. 하지만 신행은 구어口語에 많이 쓰이고 우귀는 유식한 문자로 문어文語에 잘 쓰인다.

그러면 신행은 언제 가는가. 사대부의 가정에서는 대개 결혼을 하고 1년을 묵혀서 시집을 가지만, 가난한 집안에서는 "삼일신행三日新行"이라 하여 결혼한 지 3일 만에 시집을 간다. 즉 결혼한 첫날은 일가 친척들이 모여 축하잔치를 열지만, 촌수가 가까운 친척들은 그 다음 날까지 같이 놀고, 그 다음날 신부는 시집을 간다. 그러면 3일 신행이 된다. 3일 신행을 하면 번잡한 예禮가 많이 줄어져 좋은 점도 있다. 하지만 모든 것을 수작업으로 해야 하는 시대이기 때문에 1년은 준비해야 시집을 갈 수 있다.

시집을 가고 나면, 길이 멀거나 하면 친정 오기가 참으로 힘들다. 어떤 사람은 50년 만에 처음으로 친정에 갔다는 이야기도 있다. 규중부녀閨中婦女들의 한 맺힌 내방가사內房歌辭가 많았던 것도 이 때문이다. 정상적으로 친정을 가도 1년 정도는 되어야 간다. 친정에 가는 것도 어버이 뵈러 간다고 "근행覲行, 근친覲親, 귀령歸寧" 등의 말로 쓴다. 그래서 중국에서는 "여자가 시집을 가면 부모와 형제를 멀리 떠나게 된다고 슬퍼한 글들이 있다. 즉 ≪시경(詩經)≫ "패풍邶風" <천수(泉水)>장章을 비롯하여 "용풍鄘風" <체동(蝃蝀)>장章과 "위풍衛風" <죽간(竹竿)>장章 등에서도 '女子有行 遠父母兄弟'라고 하여 서러워했고, 우리나라에서도 "신부가 밭에 나가 깨꽃 핀 것을 보면 눈물을 흘린다."라는 말이 있다. 세월이 빨리 흘러 계절이 바뀌고 가을이 되면 곧 부모를 떠나서 시집으로 가야 하기 때문이다. 옛날에는 대개 가을이나 겨울에 결혼을 하여 1년 후에 시집을 가든지, 자연의 순리에 따라 봄에 결혼을 하여 가을에 시집을 가는 일이 많았다.

그런데 신부가 결혼을 하고 아직 시집으로 가기 전에는 봄, 여름, 가을에 철 따라 신랑 옷을 지어 하인을 시켜 신랑집에 보낸다. 물론 술과 음식도 함께 보낸다. 이밖에도 설, 추석의 명절에는 신부가 문안편지를 써서 시부모에게 보낸다. 또 동지冬至나 시부모의 생신에도 하인을 시켜 예찬禮饌을 보냈다. 여기에 예시例示한 편지는 사돈의 생일을 축하하면서 보낸 것이다. 사돈 간의 정情이 절로 넘쳐남을 볼 수 있다.

査頓書(사돈서)
－李纘九 ≪惺菴遺稿≫에서
(이찬구의 ≪성암유고≫에서)

老炎尚酷無人傳信麗湖如隔天上忽 允郞入門
(노염상혹무인전신려호여격천상홀 윤랑입문)

得聞信息稍弛幽鬱今霄漢三回未審
(득문신식초이유울금소한삼회미심)

體候無損 僉節均吉否忝少弟兄弟相依女阿亦善
(체후무손 첨절균길부첨소제형제상의여아역선)

在私幸窈聞明日是 尊兄生朝新誼攸在不可虛過
(재사행절문명일시 존형생조신의유재불가허과)

故送一壺酒以慰孤露之懷幸一醉壺裡乾坤忘却世

(고송일호주이위고로지회행일취호리건곤망각세)

間甲子是所區區之祝也凉生後不欲左　顧耶舅婦

(간갑자시소구구지축야양생후불욕좌 고야구부)

新情相見之願人之常也勿負孤望焉餘不盡備

(신정상견지원인지상야물부고망언여불진비)

[번역] - (사돈 생일에 보내는 편지)

늦더위가 아직도 심하고 소식을 전하는 사람이 없어 여호(麗湖)가 마치 하늘 위에 격한 것 같았는데, 갑자기 신랑이 문안으로 들어와서 그곳 소식을 듣고 울적한 마음이 조금 펴졌습니다.

지금 3일이 지났는데

체후(體候) 손상됨이 없고 모두들 편안하십니까. 저는 형제가 서로 의지하고 여아(女阿)도 잘 있으니 다행입니다. 내일이 존형(尊兄) 생신이라고 들었습니다. 새로 맺은 정의에 그냥 넘길 수 없어 술 한 동이를 보내어 부모를 여읜 외로운 감정을 위로합니다. 바라건대 술 속의 세계에 한 번 취하여 세상의 이런 저런 일을 잊어 보는 것이 저의 작은 정성으로 비는 바입니다.

가을이 들어 서늘한 기운이 생기거든 한 번 오시지 않으시렵니까? 구부간(舅婦間)에 새로운 정으로 서로 보고 싶어 하는 것은 사람의 일상적인 마음입니다. 매우 기다리는 마음 저버리지 마십시오. 예를 다 갖추지 못합니다.

전통예식에 따라 신부가 시집을 갈 때 무엇을 준비해야 하는가.

첫째, 신랑집에서 상답床答을 보낼 때 시부모의 옷감과 신부가 입을 옷감을 많이 보냈다. 신부가 1년간 친정에 머물면서 바느질 연습도 할 겸, 허송세월을 하지 말고 부지런히 일하라는 뜻이다. 또 한지韓紙로 책을 매어 지면紙面이 반듯하게 다듬잇돌에 도침擣砧을 하여 소설이나 옛날 편지도 연습으로 써 두었다가 이때 가져간다.

둘째, 시가媤家 식구들에게 인사옷을 해갔다. 시부모를 비롯하여 친척들에게까지 어느 정도 예물이 있어야 한다며 친척들에게는 버선 한 켤레라도 선물이 있었다.

셋째, 현구고례見舅姑禮이다. 이는 시부모를 처음으로 뵙는다는 뜻인데, 요즘 이 말을 줄여서 "현구례"라고 한다. 현구례를 달리 "폐백幣帛 드린다"고도 한다. 납폐納幣의 폐백과는 달리 처음으로 인사드린다는 뜻이다. 즉 예물을 가지고 처음으로 시부모를 뵙는 예이다. 따라서 "예단禮緞 드린다"고도 하는데, 이때 "예단禮緞"이란 "예禮로 올리는 비단"이라는 뜻이다. 이때 밤, 대추, 문어 등 깨끗한 안주를 주로 올린다. 올리는 음식 이름도 "폐백음식"이라 한다.

그런데 우리는 존경의 뜻을 나타낼 때는 전아典雅한 고어古語를 많이 쓴다. 예를 들면 제삿밥은 밥이라 하지 않고 "메"라고 하는 것도 그 예例다. 우리말에 제공提供 하다의 고어는 "이바지"이다. 공供 자는 지금도 한자자전에 찾으면 "이바지 공" 자이다. 이 이바지는 우리 고어로, 잔치 음식을 "이바지 음식"이라 한다. 그런데 지금은 혼사 음식만을 주로 이바지 음식이라 하는 경향이 많다.

또 과거의 혼사는 지금보다 개방적이었던 것 같다. 시집오면서 가져온 것을 일가친척과 동리 사람들에게도 모두 구경시켰다. 신부의 옷 베는 솜씨, 바느질 솜씨, 신부가 책을 써 가져온 글씨까지 구경시켰다.

끝으로 삼일입주三日入廚다. 즉 첫날은 시집오는 날이고, 제2일부터는 당분간 아침 일찍 시부모 침소에 문안드리고, 제3일 아침에는 처음으로 신부가 친정에서 가지고 온 찬거리(주로 마른 반찬)를 가지고 부엌에 들어가서 음식을 장만한다. 우리의 예속禮俗과 당唐나라 예속이 어찌 그렇게 동일했을까? 아래에서 당시唐詩 한 수를 들어본다.

新婦(신부)
三日入厨下 洗手作羹湯 (삼일입주하 세수작갱탕)
未諳姑食性 先遣小姑嘗 (미암고식성 선견소고상)
　　　王建 <新嫁娘> (왕건 <신가낭>)

[번역]
시집 온 사흘 만에 부엌으로 들어가
손을 씻고서 국을 끓였네
아직 시어머니의 식성을 몰라
먼저 시누이에게 간 보라 하네

　당나라 시인 왕건王建은 묘사에 출중한 명수로 알려져 있다. 당나라에서도 우리나라처럼 신부가 시집온 삼 일만에 처음으로 부엌에 들어갔던 것 같다. 국은 끓였지만 처음 시집온 신부이기에 시어머니의 식성食性을 몰라 시누이에게 간 볼 것을 부탁하는 것에서 신부의 조심성이 엿보인다. 당나라 시이지만 우리의 정서와 너무 흡사하다. 이는 비교문화연구에도 좋은 자료가 될 것이다.
　우리 과거의 혼속婚俗을 좀더 깊이 있게 이해하기 위하여 한 가지 덧붙이기로 한다. 신부가 시집 갔다고 해서 혼사가 끝난 것은 아니다. 신부가 시집가서 큰 과오가 있으면 친정으로 되돌려 보내기 위해 시집 갈 때 타고 갔던 가마를 3개월간 돌려보내지 않고 대기시켜 두었다고 한다. 이는 춘추春秋 · 전국시대戰國時代 대부大夫 이상 딸을 시집보낼 때 타고 갔던 말을 3개월 후에야 돌려보냈다는 "삼월반마三月反馬"에서 유래한 것이다. (≪좌전左傳≫ 선공오년宣公五年 겨울조에서)겨울조에 회란囬鸞은 본래는 다른 뜻이었으나 '반마反馬'와 통용한다. 하지만 3개월이 지나도록 큰 잘못이 없으면 그제야 시집식구로 인정받게 된

다. 그런 의미로 시집의 조상들의 신주를 모셔둔 가묘家廟에도 배알拜
謁하게 되는데 이를 삼월알묘三月謁廟라 한다. 그리고 가마도 돌려보내
었다고 한다. 이는 딸을 시집보낸 후에 친정아버지가 신부의 시아버
지, 즉 사돈에게 보낸 편지에 잘 드러난다.

"친한 처의 여식은 본래 어리석은 데다가 또 가르치는 방법
도 없었으니 어찌 올바른 부도(婦道)에 어김이 없겠습니까?
마음속으로 걱정되고 두려워 가마가 돌아왔다고 하여 마음이
놓이지 않습니다. 다만 처음 시집왔을 때의 가르침을 더욱 더
하여 어리석고 비루함과 좁고 막힌 습관을 바로잡아 (온유하
고 자혜롭게 만들어 주시면 감사하겠습니다.) (…賤息素來憃
愚 又無敎方 安能無違於婦道之正也. 私窃憂懼 不敢以回鑾而
自安 惟益加初來之敎 矯其愚陋猖滯之習…. 李鍾弘『毅齋集4·
答河明見龍植. 己巳』)

위의 편지는 필자의 조부 이종홍(李鍾弘,1879~1936) 부군께서 딸
사돈에게 보낸 것이다. 시대가 그렇게 오래된 것도 아니다. 기사(己巳,
1929)년이라는 연기年紀가 적혀 있으니 연대도 쉽게 알 수 있다.

여기서 주의할 점은 국민 전체가 모두 이렇게 혼인행사를 치른 것은
아니다. 여러 가지 여건들을 감안할 때 특수한 사대부 집안에서만 가능
했을 것이다. 위의 편지에서 가마가 돌아왔다는 말이 있지만 이처럼 엄
격하게 가마를 대기시켜놓고 새 며느리의 행동거지를 일일이 채점한
것은 아니다. 다른 환경에서 성장한 신부가 갑자기 시집가서 그 집 환
경에 적응하는데 대략 3개월 정도는 걸릴 것이므로 처음을 조심하라는
뜻으로 이해하는 것이 좋을 것이다. 이점은 현대에서도 마찬가지이다.

어떤 다른 집단에서 생활하던 사람이 이질적인 집단에 들어가서 거기에 융화되려면 상당한 시일이 걸린다. 요즘 새 며느리가 들어와서 이런 것을 다 받아드릴 것을 요구하는 것은 아니지만 우리 조상들이 이처럼 살얼음 밟듯이 조심조심 살아갔던 정신만은 한번쯤 되새겨 볼 만하다.

4) 동상례(東床禮)와 그 뒷이야기들

① 東床禮(동상례)

東床禮者古來之風也烏可廢也故兹以成文再行

(동상례자고래지풍야오가폐야고자이성문재행)

時黃牛壹頭若不持來則擔之以一大口八

(시황우일두약불지래즉담지이일대구팔)

甲子 十月 五日(갑자 시월 오일)

　　　　新郎　金○○ 著銜(신랑 김○○ 착함)

　　　　證人　朴○○ 著銜(보증인 박○○ 착함)

　　　　上客　　　著銜(상객　　　착함)

[번역]

동상례는 옛날부터 전해온 풍속인데 내가 어찌 폐할 수 있겠는가? 그러므로 이에 문서를 작성하니 재행 시까지 누른 소 한 마리를 가지고 오지 않으면 어머니를 담보함.

　　　　갑자 10월 5일

　　　　　　신 랑　김○○ 사인하기

　　　　　　증 인　박○○ 사인하기

　　　　　　상 객　김○○ 승인 시인하기

새신랑에게 동상례의 계약서를 쓰라고 하면 잘 쓰려고 하지 않는다. 그러므로 옆에서 먼저 문장을 만들어서 그와 같이 쓰라고 윽박지르면 하는 수 없이 쓰기는 쓰지만, 위의 예문에서 보듯이 함정에 빠진다. 이 글에서의 함정은 "일대구팔一大口八"이다. 신랑에게 쓰라고 할 때 첫째一, 입이 큰 소 여덟마리大口八라고 속인 것이다. 이것은 천지天只의 파자破字로 어머니라는 뜻이다. 재행再行 때까지 황소 한 마리를 가지고 오지 않으면 어머니를 잡히겠다는 뜻이다. 새신랑으로서 큰 실수인데, 남의 실수를 재미로 느끼는 장난이었다.

한문에서 사위를 달리 이르는 말로 "동상東牀, 동상객東牀客, 동상교객東牀嬌客, 동상가객東牀嘉客, 동상교서東牀嬌壻"라고 하고, 좋은 사위를 선택하는 것을 "동상지선東牀之選"이라고 한다. 이처럼 사위를 동상東牀과 관련시켜 말하는 것은 진대晉代의 명필名筆 왕희지王羲之의 고사에서 유래한 것이다.

진대晉代의 태부太傅 치감郗鑑이 당시의 명문名門 왕씨王氏 가문에 사위를 구하고자 하여 사람을 보내어 알아보게 했다. 왕씨집에서는 그대가 우리 동상東牀에 와서 마음대로 좋은 사위감을 뽑아보라고 했다. 왕씨집 신랑감들이 모두 미남美男들인데도, 사위 선발하러 왔다는 말을 듣고 서로가 다투어 잘 보이려 했다. 그런데 오직 한 낭자郎子만이 동쪽 평상에 배를 대고 누워서 들은 척도 하지 않더라는 것이다. 결국 치감이 그를 사위로 삼았는데, 그가 바로 유명한 명필 왕희지였다.

왕희지의 동상東床에 대한 이야기도 우리나라에서는 중국과 달리 전개되었다. 치감이 왕씨 집안에 사윗감을 구하러 갔을 때, 다른 사람들은 모두 잘 보이려고 애쓰는데 왕희지는 동상탄복東床坦腹을 하고 있었다고 한다. 이 "동상탄복東床坦腹"의 "탄복坦腹"을 어찌 해석하느냐에 따라 이야기가 달라진다. 중국의 사전辭典들을 보면, 탄복은 단순히 "엎드려 눕다"라고 풀이되어 있다. 즉 "거리낌 없는 마음으로 누워있었다"라고만 이해한 것이다. 그렇게 하면 극적 효과가 덜하다. 그래서 우리나라에서는 아예 같은 음의 "탄복彈腹"으로 받아들여 동쪽 평상에서 "배를 두드리며(또는 만지며) 누워있었다"라고 확대해석했다.

옛날 사람들은 공부를 하면 지식이 배 안에 쌓인다고 생각했다. 복중서腹中書가 그렇고, "시서詩書를 부지런히 읽지 않으면 배가 공허하게 된다.(不勤腹空虛 : 한유(韓愈)의 <符讀書城南(부독서성남)>)"라는 말도 그렇다. 그래서 치감의 집에서 왕씨 집으로 사윗감을 보러 갔을 때, 모두들 잘 보이려 애썼지만 왕희지는 뱃속에 공부가 가득 찼기 때문에 자신감에 배를 만지고 있었다고 이해한 것이다. 중국 문헌에 나타난 것보다 한 차원 더 높고 흥미로워 보인다. 이러한 흥미를 더하다 보니, 왕희지가 동쪽 평상에서 배를 두드리고 누웠다는 이야기로까지 전개된 것이다.

우리나라 설화에는 치감이 동상에 누운 좋은 사위를 보았다고 크게 잔치를 베풀었는데, 이것이 동상례東牀禮의 기원이었다고 한다. 하지만 중국문헌에는 잔치를 베풀었다는 말과 동상례라는 말도 없다. 이 설화가 우리나라에 유입되면서 신랑이 장가를 잘 왔으니 처족 친구들에게 한 턱 내고 간다는 것이 동상례의 기원이 되었다고 한다.

우리나라 동상례 풍속은, 신부집 젊은이들이 장가오는 신랑이 현금을 가지고 오지 않는 것을 뻔히 알면서도 동상례 내라고 트집을 잡는다. 현금이 없으면 다음에 가지고 오겠다는 서약서를 쓰라고 졸라댄다. 신랑은 안 쓰려고 하고 청년들은 쓰라고 하면서 장난은 시작된다.

동상례東床禮를 내라고 하도 다그치자 어느 유식한 신랑이 "東床禮(동상례)는 何禮也(하례야)오? 經禮三百(경례삼백)과 曲禮三千(곡례삼

천)에　未聞有東床二字(미문유동상이자)라."라고　했다.　풀이하자면, "동상례는 무슨 예입니까? 예법禮法의 대강령大綱領인 경례 3백 가지 와, 거기서 파생한 세세한 예인 곡례曲禮 3천 가지 중에서도 '동상東床' 이라는 두 글자는 듣지도 못했습니다."라고 말한 것인데, 이 신랑의 말인즉슨 동상례는 예가 아니라는 것이다.

그리고 동상례를 거부한 유명한 글이 또 있다. "東床禮者(동상례자) 는 古來之風也(고래지풍야)라. 古來之風(고래지풍)을 烏可廢也(오가폐 야)리오. 尊門喜答(존문희답)하시오."라고 했다. 즉 동상례는 옛날부 터 전해오는 풍속인데, 옛날부터 전해오는 이 풍속을 어찌 폐할 수 있 겠느냐고 하면서 존문尊門에서 답해 보라고 한 것이다. 다시 말해 동상 례는 주인이 사위를 잘 보았다고 내는 것이요. 사위가 내는 것이 아니 라는 것이다. 말을 따지고 보면 이 글들은 명답名答이다. 하지만 이 신부 집에서는 논리가 통하지 않는다. 신랑이 말을 듣지 않으면 다음 단계는 짐방베로 묶어놓고 방망이로 신랑 발바닥을 때린다. 이것을 두고 신 랑에게 양기 생기라고 발바닥을 때린다고 하지만 이 말은 아주 잘못 된 이야기다. 신랑을 묶어놓고 때려도 사고가 안 날 곳은 그 곳뿐이기 때문에 발바닥을 때리는 것이다.

하지만 신랑을 잘못 다루다가 사고 당한 이야기도 더러 있다. 예를 들면 신랑 다리를 묶어 끌고 가다가 청바닥의 결이 일어나서 신랑의 척 추를 찔러 즉사했다는 이야기가 있다. 그 뿐이 아니다. 신랑을 대들보 에 거꾸로 매달았는데, 하필 그때야 말고 이웃집에 불이 났다. 사람들 은 모두 불 끄러 간다고 나가버리고, 신부 혼자 방에 앉아 있었다. 대들 보에 매달린 신랑이 "좀 풀어 달라"고 아무리 소리쳐 보지만 어린 신부 는 부끄러워 방문 밖에 나오지를 못했다. 장난하던 사람들이 불을 끄고 돌아와 보니 신랑은 대들보에 매달린 채 죽어 있었다는 이야기도 있다. 어디까지가 진실인지는 모르겠지만 있을 법한 이야기이다. 또 6·25 전란 때에 신랑을 묶어놓고 장난을 치고 있는데, 때마침 그 때 미군이 지나가다가 보게 된 것이다. 주민들이 사람을 묶어놓고 때리는 것을 본 미군은 묶인 사람이 간첩인 줄 알고, 영어로 "간첩이냐?" 하고 묻자 주민들은 무슨 말인지도 모르고 나오는 대로 "오케이"라고 했더니, 미군이 그 자리에서 신랑을 총살시켰다는 이야기 등이 있다. 이는 신문에 난 기사라고 하면서 언젠가 TV에서 극화하여 방영한 일까지 있었다.

하지만 신랑과 처족 간에 심하게 장난을 치는 일들은 모두 선의善意로 신랑과 빨리 친숙해지려고 하는 장난이기에 부정적인 요소는 거의 없다.

다음 새신랑과 재주 겨루기로 한 장난을 보자. 동상례가 아니더라도 신랑방에는 많은 하객들이 와서 신랑의 언행도 떠 보고 농담도 걸어본다.

옛날에 한씨韓氏와 노씨盧氏와 손씨孫氏가 살았다. 노씨에게는 예쁜 딸이 있었고, 손씨에게는 재능이 뛰어난 아들이 있었다. 노씨 집안에서 후일 손씨와 혼인을 하자는 약속까지 했다. 그런데 손씨 집안이 점점 가세家勢가 기울자 노씨는 손씨와의 약속을 깨고 한씨韓氏와 혼인을 했다.

손씨는 제 신부가 될 뻔했던 사람을 한씨에게 빼앗기고 자존심이 상해 말이 아니었다. 그런데 우연히도 손씨 역시 노씨가 사는 마을로 장가를 들게 되었다. 서로의 재행再行 날짜도 비슷했다.

손씨는 노씨집에 한 번 가서 재주를 겨루어보고 싶었다. 처남妻男을 데리고 노씨집을 갑자기 찾아갔다. 불의에 당한 일이라, 노씨 집에서는 여기저기서 수군거리곤 했다.

마침 그 집에서 주안상酒案床을 차려왔다. 손씨는 노씨집 주인어른에게 술을 먼저 드시지 않겠느냐고 권했다. 주인어른이 나는 술을 먹지

않는다고 하자, 손씨는 주인어른을 향해 "탁주濁酒 마시는 주둥이는 개
씹이거든." 하고 상소리를 했다. 주인어른은 그 내심內心을 알고 분하여
자기 사위와 아들을 시켜 손씨를 딴방으로 데리고 가서 욕을 보이라고
했다. 한참 놀다가 이번에는 사위인 한씨가 시를 짓자고 제의했다. 손
씨도 이에 쾌히 승낙했다. 한씨가 먼저 시를 지어 불렀다.

韓大姓盧大姓(한대성노대성)
生子子必大(생자자필대)
生孫孫必大(생손손필대)

[번역]

한씨도 대성이요, 노씨도 대성이라
아들을 낳으면 반드시 큰 아들을 낳을 것이요
손자를 낳으면 반드시 큰 손자를 낳을 것이다.

그런데 시를 가만히 읽어보니 손씨가 크게 당했다. '아들을 낳아도
"필대"를 낳을 것이요, 손자를 낳으면 "손필대"를 낳을 것이다'는 말이
다. 즉 '너는 내 손자'란 뜻이 된다. 손필대는 손씨의 성명이기 때문이
다. 모두 시를 잘 지었다고 손뼉을 치며 와자지껄 떠들어대었다. 손씨
도 짐짓 모르는 척하면서 맞장구를 치다가 한 가지 제의를 했다. "제
가 시를 한 번 채점(매기다)을 해 보겠습니다."라는 것이었다. 자리에
있던 사람들도 모두 좋다고 승낙했다. 그런데 한시를 채점할 때, 아주
잘된 곳에는 관주(貫珠, ○)를 하고, 그 다음으로 잘된 곳에는 비점(批
點, 丶)을 찍는다. 그런데 손씨는 시詩에 비점을 찍으면서 "큰 대大"자
위에다가 검은 먹물로 비점을 꾹꾹 찍어 놓고 가버렸다.

가고 난 후, 노씨집 주인어른이 "아까 방안에서 무슨 일로 그렇게 시끄러웠느냐?"라고 묻자, 속일 수 없어 사실대로 이야기했다. 노씨 어른이 그 글을 가져와 보라고 했다. 가만히 보고는 아주 큰 욕을 당한 것을 알고 "욕은 너희들이 당했다"라고 했다.

한노韓盧란 전국시대戰國時代 한韓나라에서 나는 명견名犬 이름이다. 그런데 채점한다고 점을 찍어 놓으니 "큰대大"자가 모두 "개견犬"자로 되어 '한씨도 견성犬姓이요, 노씨도 견성犬姓이니, 아들을 낳으면 반드시 개[子必犬]일 것이요, 손자를 낳으면 손자 역시 반드시 개[孫必犬]일 것이다.'라는 말이 된다. 이 이야기는 비록 설화지만 새신랑 방에서 이런 문자 장난이 많았다는 일면을 보여주고 있다.

한편 한씨韓氏 · 노씨盧氏 · 손씨孫氏를 소재로 한 이 이야기에는 이와 내용을 달리 한 것이 또 있다. 혼서와 관계는 없지만 참고로 예를 들어보기로 한다.

어느 고을에 한씨와 노씨가 살고 있었는데, 그들의 텃세가 하도 심하여 고을 원님이 새로 부임해 오면 힘을 펴지 못했다. 한번은 손필대孫必大 라는 원님이 부임을 했다. 그들은 역시 세력을 부렸다. 원님이 괘씸해서 과거科擧를 보이면서 고풍시古風詩를 짓게 했는데, 제목題目은 走韓盧搏健兎(주한로박건토)였다. 즉 "한로韓盧라는 개를 풀어 날쌘 토끼를 잡는다"라는 것이다. 한씨와 노씨는 자기들을 개에 비유하여 출제한 것을 보고, 자신들을 욕하는 것이라고 여겼다. 그래서 그들은 이에 응수하여 고을 원님을 욕하는 시를 지었다. 그것이 바로 "韓爲大姓 盧大姓, 生子必大 孫必大(한위대성 노대성, 생자필대 손필대)"였다. 즉 "한씨韓氏도 대성이요. 노씨盧氏도 대성大姓이니, 아들을 낳으면 필대必大일 것이요. 손자를 낳으면 손필대孫必大일 것이다"라고 했던 것이다.

그렇게 시를 지어 놓고, 한씨와 노씨는 고을 원을 욕하는 좋은 시를 지었다고 마음속으로 흐뭇하게 여겼다.

이 시의 내용을 자세히 보면, 고을 원님은 한씨와 노씨의 외손外孫이 된다. 그런데 앞에서도 설명했듯이 과거시험 답안을 채점을 할 때에는 일반 시詩를 채점할 때와 마찬가지로 아주 잘 지은 곳에는 관주(貫珠, 동그라미를 그림)를 하고, 다음 잘 지은 곳에는 비점(批點, 점을 찍음)을 찍는다. 그리고 시가 아주 볼품이 없는 것에는 작대기를(/) 그어버린다. 오늘날 채점하는 방식과도 같다. 그런데 한씨와 노씨가 지은 이 시를 고을 원님이 채점하면서 "큰 대大" 자 위에다 모두 비점批點을 찍는 바람에 "큰 대大" 자가 모두 "개 견犬" 자로 바뀌어버렸다.

그 결과 시의 내용은 전혀 다른 의미로 바뀌었다. 즉 한씨와 노씨가 혼인을 하면, "필대必大"를 낳는 것이 아니라 "필견必犬", 즉 "반드시 개를 낳을 것이다."로 되고 만 것이다. 그래서 시를 해석하면, "아들을 낳아도 반드시 개일 것이요. 손자를 낳아도 반드시 개일 것이다."로 되어버린 셈이다. 결국 한씨와 노씨가 원님을 욕하고자 지었던 시는 원님이 찍은 비점批點으로 인해 그 욕이 다시 한씨와 노씨에게로 되돌아간 것이다. 이러한 이야기들은 이야기의 소재가 재미있기 때문에 비슷한 형태의 이야기로 파생된 듯하다.

이밖에도 자잘한 것으로 신랑의 식견을 떠보고 골탕 먹이는 장난이 많았다.

- 자네 자친이 몇이냐? : 어머니의 나이가 몇이냐고 묻지 않고, 어머니가 몇이냐고 물어 골탕을 먹이기도 한다.
- 안항(雁行)이 몇인가? : 안항은 남의 형제의 경칭.

- 구경(俱慶)시하인가? : 부모님께서 모두 살아계시는가?
- 신랑의 성이 강씨(姜氏)인 경우, "휘자(諱字)로 '강자 아자 지자' 하시고, '맥전부사(麥田仆死)' 하신 어른이 자네 몇 대조인가?" 하고 묻는데, 대답할 수 없어 10대조쯤 된다고 해 놓으면 큰 창피를 당한다. 옛날에는 성(姓)과 동물을 결부시켜 장난치는 일이 많았는데, 강씨(姜氏)는 강아지라고 놀렸다. 그러니 "강자 아자 지자"는 "강아지"이다. 옛날은 강아지가 크다가 죽는 일이 많았고, 죽으면 보리밭에 던져 거름이 되게 했다. "맥전부사"는 소리만 들으면 마치 "동래부사"처럼 벼슬 이름으로 들린다. 하지만 강아지가 맥전부사(麥田仆死) 했다면, 즉 강아지가 보리밭에 엎어져 죽었다는 것이다.

그래도 동상례로 신랑을 애먹이는 것은 좀 낫다. 동상례 쓴 것을 장난기 어리게 상객上客에게 결재 사인을 받게 한다. 사랑방에 연상의 노인들이 많은 가운데 신랑의 글씨에 잘못이 있으면 큰 창피다. 예를 들면 동상례 문면에 재행再行 때까지 돈을 가지고 오지 않으면 어머니[天只]를 잡히겠다는 글을 어른들 앞에 내어놓으면 신랑으로서는 평생 웃음거리다. ≪시경(詩經)≫ "용풍鄘風" <백주(柏舟)>장章의 "어머니는 하늘이시니母也天只"라는 글에서 보조관념補助觀念만 따와 어머니를 "천지天只"라고 하는데 이는 비유법이다.

다음은 위에서 인용한 동상례와는 달리 문자의 유희로 쓴 동상례 글 하나를 더 들어 본다.

② 東床禮(동상례)

禮云東床行斯南州(예운동상행사남주)

百年尊客一席良朋(백년존객일석양붕)

飮之啐啐觀者簇簇(음지졸졸관자쪽쪽)

一飽在數片言折衷(일포재수편언절충)

義需周嘉依俗等待(희수주가의속등대)

若有疎忽斷不容貸(약유소홀단불용대)

  事(사)

   新郞 成○○(신랑 성○○)

   擧掌 金○○(거장 김○○)

   證筆 金○○(증필 김○○)

再行時 錢文壹百兩持來爲事(재행시 전문일백양지래위사)

〈어려운 말 풀이 및 해설〉

- 전문(錢文) : 돈.
- 이 글의 끝에 적힌 "사(事)" 자는 공문서 끝에 쓰는 말로, "… 하는 일", "… 하는 것"이라는 뜻으로 쓰인다.
- 위사(爲事) : 할 일, 할 것.

[번역]

동상례(東床禮)라 하면서 남주(南州)에서 행하네.
백년의 존귀한 손님이요, 한 좌석의 좋은 벗이로다.
술을 죽죽 마시자 구경꾼이 빽빽이 둘러서 보네.
한번 배부르는 것도 운수에 매였으니 한 마디의 말로 절충하세.
좋은 음식 맛있는 안주를 풍속대로 미리 등대하게나.
만약 소홀함이 있으면 결코 용서하지 않을 것이네.

     신 랑 성○○

     거 장 김○○

     증 필 김○○

재행 때에 돈 일백 냥을 가지고 올 것.

이 글은 전남 장흥 위씨魏氏 가문에서 나온 것이다. 글의 특징이 동상례 분위기를 잘 서술했다. 끝 구절에 가서 "재행 때에 돈 일백 냥을 가지고 올 것"이란 말이 없었다면 신혼 잔치의 축하인지 착각하기 쉽게 썼다.

신랑뿐만 아니라 노인들도 장난으로 상객에게 "상객례上客禮"를 내라고 하는 경우가 있다. 어떤 상객에게 상객례를 낼 돈이 없으면 문서를 쓰라고 하도 독촉을 하고 놀리자, 그 상객이 "아지御之" 두 자만 썼는데, 아무도 그 뜻을 아는 이가 없어 돈을 내라고 하지 못했다고 한다. 이는 ≪시경(詩經)≫ "주남周南" <작소(鵲巢)>장章의 "이 아씨가 시집오는데 백대의 수레로 맞이하도다.(之子于歸 百兩御之)"라는 데에서 나온 말로, 백량百兩은 백량百輛이고, 아지御之의 "아御" 자는 "맞을 아"로 '수레 백대로 그를 맞이했다'는 뜻이다. 백량은 여기서 수레의 수를 헤아리는 단위요 돈의 단위가 아니다. 그런데 방안에 가득 앉은 손님들은 그것을 돈의 단위인지 수레의 단위인지조차 몰랐던 것이다. 이런 식의 지식 장난이 많았던 것을 짐작할 수 있다.

5) 단자(單子)와 향촌(鄉村)의 낭만

單子(단자)

夫單子者古來之流風也貴宅大宴不可虛送故佳
(부단자자고래지류풍야귀댁대연불가허송고가)
酒美肴多送多送節望節望
(주미효다송다송절망절망)
　　　　　有竹送之(유죽송지)

孝大部落(효대부락)

青年一同(청년일동)

〈어려운 말 풀이 및 해설〉
● 유죽(有竹) : 한자(漢字)의 이두식(吏讀式) 표기로 "있는 대[竹]"라
는 뜻이다.

[번역] – (단자)
대저 단자란 것은 예로부터 전해오는 풍속이다. 귀댁의 성대한 잔
치를 헛되이 보낼 수 없으므로 아름다운 술과 좋은 안주를 청하니, 많
이많이 보내어 주시기를 간절히 바라고 간절히 바랍니다.
있는 대로 보낼 것.
효대부락
청년일동

신분상으로나 여러 가지 이유로 잔치에 참석하지 못하고, 요즘 메모
지와 같은 종이에 간단히 몇 자 적어 술과 음식을 조금 보내어 달라고
청하는 소위 "단자單子"라는 것이 있었다. 대개 글을 능숙하게 짓는 사
람이 아니기 때문에 문맥이 잘 연결되지 않고, "절망切望"을 "절망節望"
이라 쓴 것처럼 잘못도 더러 있다. 이 글의 끝부분에 가서 "유죽송지有竹
送之"라고 쓴 것은 이두吏讀식의 표기로 "있는 대로 보내라"는 장난기 어
린 표현이다. 이것을 달리 "유죽팔천지有竹八天之"라 쓰기도 하는데, "유
죽有竹"은 이두吏讀 식으로 "있는 대로"이고, "팔천지八天之"는 "송送" 자
의 파자破字로 "보내라"는 말이 된다. 일부러 이두식과 파자를 섞어가면
서 이렇게 쓴 것은 당시 민중들의 해학과 삶의 한 모습이기도 하다.
이 단자의 발송인은 "효대부락孝大部落 청년 일동"인데 효대는 필자
가 살던 이웃마을 이름이다. 쓰여진 용어들로 보아 시대가 많이 거슬

러 올라가지는 않을 것 같다. 잔치에 이런 단자가 여러 장 오더라도 술과 안주를 조금씩 보내주었다. 이 단자풍속도 각박한 오늘날에 비추어 보면 아주 낭만적인 시대상을 보여준다.

다음 글은 "신랑 화촉 아래 드림"이란 글이다. 다른 글에는 동상례나 단자라는 제목이 붙어 있어 글의 성격이 분명한데 비하여, 여기서는 그냥 신랑에게 보내는 것으로 되어 있어 어떤 성격의 글인지 애매하다. 그러므로 이 글의 내용부터 살펴보기로 하자.

新郎花燭下(신랑화촉하)

旭日成禮錫慶拱賀(욱일성례석경공하)
有人貞淑宜家可卜(유인정숙의가가복)
花屛銀燭珍需必積(화병은촉진수필적)
添在友人豈不流涎(첨재우인기불유연)
望須玉郎分充貧腸(망수옥랑분충빈장)
雪風霜夜擁爐立俟(설풍상야옹노입사)
　白石之洞(백석지동)
　紅梅之川(홍매지천)

[번역]

신랑 화촉 아래 드립니다.

떠오르는 해에 혼례를 올리니 두 손 모아 경축하는데
정숙한 신부는 가정을 화목하게 할 것을 점치겠네.
꽃병풍 은촛불에 진귀한 음식 가득 쌓였으리니
우인(友人)이란 이름으로 있으면서 어찌 침을 흘리지 않으랴.

옥랑(玉郞)께서는 나누어 빈한한 속 채워주기 바라며
눈바람 서리 내리는 밤에 화롯불 안고 기다리겠노라.
　　석동(石洞)
　　매천정사(梅川精舍)에서

이 글은 동상례나 단자라는 제목이 없어 무엇에 대해 쓴 글인지 선명하게 떠오르지 않는다. 내용을 한 번 요약해 보자.

첫째 구절은 욱일승천旭日昇天하는 시점에 결혼을 하게 된 것을 축하한다.

둘째 구절은 정숙貞淑한 신부가 가정을 화목하게 할 수 있을 것을 점칠 수 있다.

셋째 구절은 꽃병풍 은촛불에 진수성찬이 가득 쌓였을 것을 예측할 수 있다.

넷째 구절은 친구의 처지에 있으면서 어찌 이런 음식을 생각할 때 침을 흘리지 않을 수 있겠느냐는 것이다.

다섯째 구절은 그 좋은 음식을 나누어 주어 주린 속을 채워주기 바란다는 것이다.

여섯째 구절은 눈바람 서리 내리는 밤에 추위에 떨면서 화롯불을 안고 음식을 보내어 주기를 기다리겠노라하고 끝낸다. 시도 아니면서 서술에 능숙하여 분위기가 희망에 차고 밝고 화려하다. 다른 글에 비하여 신혼에 대한 축하가 많다. 그러면서 내면에는 음식을 보내어 달라는 뜻이 담겨 있다.

이 글은 필자의 고향 큰댁의 고문서 속에 있던 것이다. 그런데 이 글의 발신자에 "백석지동白石之洞", "홍매지천紅梅之川"이라 했는데, 이 글을 만든 기교가 흥미롭다. 필자의 조모님께서는 돌이 많은 마을에서 자랐는데, 그 마을 이름이 석동石洞이다. 후에 그곳에서 시집왔다고 "석동댁石洞宅"이라고 했다. 또 조부님께서 후진을 양성하며 학문을 닦던 집을 "매천정사梅川精舍"라 했다. 매천梅川이란 개울이 동리 위에서 동리 앞으로 감돌아 흐르기 때문에 지은 이름이다. 결국 백석지동은 석동댁이요, 홍매지천은 매천정사다. 그러므로 글의 발신처가 매천정사임을 알 수 있다. 또 조부님의 장서인藏書印이 매천묵장梅川墨藏인데, 이 인장을 발신자 위에 찍었다. 이로보아 친구 결혼식에 어른 몰래 이글을 작성해놓고 발송하지 못한 글인지, 발송을 했는지 여부는 알 수 없지만 일반 단자와는 달리 친구 결혼을 축하하는 비중이 크다. 이 글은 표현과 기교가 뛰어나 흥미를 끌 만하다. 특히 추운 겨울에 단자 음식 가져오기를 고대하면서, 그것도 화롯불을 안고 기다리겠다는 말은 읽는 이로 하여금 생동감을 느끼게 한다. 옛날에는 농사일을 하는 사람들도 대부분 단자 정도는 쓸 줄 알았다.

이상 혼서婚書와 그 주변적인 이야기들을 살펴보았다. 청혼請婚, 허혼許婚에서부터 결혼 후 사돈서査頓書에 이르기까지 근엄謹嚴하면서 전아典雅하고, 낭만적浪漫的이면서 정감情感이 넘치는 글들은 우리들에게 많은 것을 시사해준다.

하지만 지금 우리의 현실은 이러한 것들에 대해 일고의 가치도 없는 양, 대부분 쓰레기통에 버리고 있다. 후일에 이러한 자료들을 구하려고 할 때는 이미 늦다. 필자가 여기서 자료로 활용한 것은 대부분 필자의 고향에 있는 냉천서당冷泉書堂에서 정헌靜軒 곽종천(郭鍾千, 1895~1970) 선생께서 학문을 강론하시던 여가에 필자에게 가르쳐 주신 것들이다. 당시에 학문의 주변적인 이야기를 많이 해주셨는데, 특히 혼서는 책에도 없는 것을 외워서 이야기해 주시는 것이 신기해서 받아 적어두면 선생님은 총명불여둔필聰明不如鈍筆, 즉 총명한 것이 둔필만 못하다고 하면서 격려해 주시곤 했다. 그 후에 수집한 것은 부산대 도서관 "우계문고于溪文庫"에 기증했다. 필자는 정현선생에게 배운 것을 근간根幹으로 삼아 이 글을 위와 같이 정리했다.

혼서는 서간문의 일부인 만큼 한 번 정리되어야 할 것이라고 생각해 왔다. 하지만 시간이 나면 착수해 보려고 미루어 두었다가 결국 예정대로 진행할 수 없게 되었다. 그래서 지금의 형편대로 대략 이와 같이 정리했음을 밝힌다.

위에서 혼서를 이처럼 많이 인용한 것은 이를 통해 우리 선조들의 사유와 정신세계를 이해하는 데 조금이라도 도움이 되기를 바라는 마음에서다. 많은 혼서 중에서 오늘날 사용하는 것은 다만 사성四星과 예장禮狀뿐이다. 그것도 주로 상류층에서 주고받는데, 그것으로 혼인을 정했다는 증표로 삼기 위해서라고 한다. 혼인은 인간이 살아가는 데 있어 치르는 통과의식의 하나인 만큼 이런 증표라도 있어야 하는 것은 당연하다.

그러나 이처럼 중대한 의미를 가진 혼서를 본인이 직접 쓰지 못하고 철학관이나 서예학원에서 쓰는 것은 좋은 현상이 아니다. 거기다가 그것을 주고받는 사람들도 대부분 그 뜻도 모른다는 데에 더 문제가 있다. 차라리 위에서 보인 여러 자료들을 종합하고 재구성하여 자신에게 맞게 우리글로 만들어 쓰는 것이 오히려 바람직할 것이다. 그것도 굳이 붓으로 쓸 것이 아니라 컴퓨터로 작성해 출력해서 쓰는 것도 좋을 것이다. 옛날에는 모든 기록을 붓으로 했지만, 지금은 컴퓨터가 그 일을 대신하고 있기 때문이다.

다음으로 미래를 내다본다면 앞으로는 사성보다는 신랑신부가 자필 서약서를 교환하는 것이 더 의미 있는 일일 것이다. 지금은 윤리의 파괴범 같은 말로 들릴지 모르지만 시대의 흐름은 누구도 막지 못하는 것이다.

끝으로 이런 방향으로 나아가기 위해서는 옛 혼서들을 많이 읽고 연구하여 우리 생활에 맞는 것을 모색해야 할 것이다. 본 저서가 이런 방향을 모색하는 데 조금이라도 도움이 되기를 기대한다.

부록

1. 관례(冠禮)
2. 혼서(婚書) 원본 사진자료
3. 관례(冠禮) · 계례(笄禮) · 납채(納采) ·
납폐(納幣) · 친영(親迎) 원전자료

1. 관례(冠禮)

1. 관례(冠禮)

유교에서 통과의례通過儀禮는 관冠 · 혼婚 · 상喪 · 제祭라고 한다. 사람이 태어나서 한평생을 살아가려면 그 첫 번째 관문이 관례이고, 다음 관문이 결혼이며, 이어서 상례와 제례로 끝을 맺는다.

관례는 관을 씌우는 의식으로 오늘날 성인식과 같은 것이다. 중국 고대의 경우 남자는 20세가 되면 관례를 하고, 30세가 되면 결혼을 하며, 여자의 경우는 15세가 되면 계례笄禮를 하고, 20세가 되면 결혼한다고 했다. 하지만 우리나라의 경우는 10대에 결혼을 하더라도, 결혼 전에 남자는 땋고 있던 머리를 풀어 상투를 틀고 갓을 쓰며 여자는 비녀를 찌른다. 요즘은 이런 예식이 없어졌기 때문에 여기서 상세한 설명은 피하고, 관례에 관심 있는 사람을 위해 그 절차를 적은 참고자료만 부록으로 붙인다. 이 자료는 한학자인 화재(華齋) 이우섭(李雨燮, 1931~2007)님이 정리한 것이다. 그리고 그때 사용하던 축사만 풀이한다. 축사와 씌우던 관은 문헌에 따라 조금씩 차이가 있다. 본 예문들은 주자朱子 ≪가례(家禮)≫의 것을 따랐다. 축사에서 부모들은 무엇을 훈계했으며, 관자冠者는 무엇을 다짐했는가 하는 것만 보면 된다.

첫 번째 관을 씌울 때의 축사
―始加祝辭(시가축사)

吉月令日에 始加元服하노니 棄爾幼志하고 順爾
成德하면 壽考維祺하야 以介景福하리라
(길월영일 시가원복 기이유지 순이성덕 수고유기 이개경복)

[번역]
좋은 달 좋은 날에 처음으로 너에게 관을 씌우니 너의 어린 마음을 버
리고 성인다운 덕을 따르면 장수할 상서가 있어 큰 복을 누리게 될 것이다.

〈어려운 말 풀이 및 해설〉
- 처음에는, ≪가례≫에서는 관(冠)과 건(巾)을 씌운다 하고, ≪소학≫
  에서는 치포관(緇布冠)을 씌운다고 했다.
- 원복(元服) : 원(元)은 "머리"이고, 복(服)은 "관(冠)"이다. 이와 달
  리 원복은 "처음 입는 옷(始着之服)"이라는 주장도 있다.
- 순(順) : 삼가 따르다.
- 수고(壽考) : 장수(長壽)
- 기(祺) : 복, 상서(祥瑞)
- 개(介) : '클 개'
- 경복(景福) : 큰 복

두 번째 관을 씌울 때의 축사
―再加祝辭(재가축사)

吉月令辰에 乃申爾服하노니 謹[1]爾威儀하며 淑愼
爾德이면 眉壽永[2]年하야 永受遐[3]福하리라
(길월영신 내신이복 근이위의 숙신이덕 미수영년 영수하복)

[번역]

좋은 달 좋은 때에 다시 너에게 관을 씌우니, 너의 위의(威儀)를 조심하고 너의 덕을 잘 삼가면 영원토록 오래 살게 되어 길이 큰 복을 받을 것이다.

〈어려운 말 풀이 및 해설〉

- 두 번째는, ≪가례≫에서는 모자(帽子)를 씌운다 하고 ≪소학≫에서는 피변(皮弁)을 씌운다고 했다.
- 신(申) : '거듭할 신'
- 숙(淑) : '잘할 숙'
- 미수(眉壽) : 눈썹이 세고 길어지도록 오래 사는 것
- ≪소학≫에는, 1)은 敬, 2)는 萬, 3)은 胡자로 되어 있다.

세 번째 관을 씌울 때의 축사

— 三加祝辭(삼가축사)

以歲之正과 以月之令에 咸加爾服하노니 兄弟具在
하야 以成厥德하면 黃耇無疆하야 受天之慶하리라
(이세지정 이월지령 함가이복 형제구재 이성궐덕 황구무강 수천지경)

[번역]

좋은 해 좋은 달에 너에게 관을 모두 씌우니, 형제가 모두 건재하여 그 덕을 이루게 되면 나이가 끝이 없이 오래 살아 하늘의 복을 받을 것이다.

〈어려운 말 풀이 및 해설〉

- 세 번째는, ≪가례≫에서 복두(幞頭)를 씌운다고 하고, ≪소학≫에서는 작변(爵弁)을 씌운다고 했다.

- 구(耈) : '늙은이 구'
- 황구(黃耈) : 늙은이. 머리가 희어졌다가 다시 누렇게 되고, 얼굴에 검버섯이 생기는 노인이라는 뜻.

세 번째 관을 씌운 후에 아버지가
아들에게 술을 따라 주며 하는 축사
―醮祝辭(초축사)

旨酒旣淸(지주기청)에 嘉薦令芳(가천영방)하노니 拜受
祭之(배수제지)하야 以定爾祥(이정이상)하고 承天之休
(승천지휴)하야 壽考不忘(수고부망)하라

[번역]
좋은 술이 이미 맑으며 잘 차린 제물이 아름답고 향기로우니, 삼가 받아서 땅에 제사하고 마셔 너희 상서로움을 정하여 하늘의 아름다움을 이어서 오래 살아 길이 좋은 명성이 있게 하라.

〈어려운 말 풀이 및 해설〉
- ≪의례(儀禮)≫ "사관례(士冠禮)"에는 "旨酒旣淸 嘉薦令芳 始加元服 兄弟具來 孝友時格 永乃保之."로 되어 있다.
- 이 글은 초례(醮禮) 축사이므로 초례의 뜻부터 알아야 한다. 초례라고 할 때 초(醮)자는 '술 따를 초' 자이다. 관례(冠禮)나 혼례(婚禮) 때에 아버지가 아들에게 술을 따라 주며 마시게 하는 의식이다. 따라서 초(醮)는 윗사람이 아랫사람에게 술을 따라 주는 것이고, 술잔을 주고받고 하는 것이 아니다. 관례 때에도 초례 축사가 있고, 혼례 때에도 초례 축사가 있으며, 시집가는 딸에게도 초녀(醮女)의 말이 있다. 이와는 달리 우리나라에서는 혼례 때에 신랑

신부가 서로 절하고 술잔을 권해 가며 마시는 의식을 "초례(醮
禮)"라 하고, 결혼하는 곳을 "초례청(醮禮廳)"이라고 한다. 다산
정약용은 ≪아언각비(雅言覺非)≫에서 이는 크게 잘못된 것이라
고 지적한 적이 있다.
- 수고불망(壽考不忘) : 길이 영명(令名)이 있게 하라.

관을 쓴 사람에게 자(字)를 내려 줄 때의 축사
─ 字冠者祝辭(자관자축사)

禮儀旣備(예의기비)라 令月吉日(영월길일)에 昭告爾字
(소고이자)하노니 爰字孔嘉(원자공가)하여 髦士攸宜(모사유
의)하고 宜之于嘏(의지우하)하니 永受保之(영수보지)하라

[번역]
관례의 모든 절차가 이미 갖추어지고 좋은 달 좋은 날에 너의 자를
분명히 알리니, 이에 그 자가 매우 아름다워 뛰어난 선비에게 꼭 알맞
고 복에도 마땅하니, 잘 받아서 길이 보존할지어다.

〈어려운 말 풀이 및 해설〉
- 공(孔) : '매우 공'
- 모사(髦士) : 준수한 선비.
- 옛날에는 아동사망률이 높았는데, 천한 이름을 지으면 장수한다
고 하여 어릴 때의 이름은 아무렇게나 지었다. 관례를 하고 나면
성인다운 이름으로 바꾸어 주는 것이 자(字)이다. 따라서 자는 덕
을 나타낸다고 하여 달리 표덕(表德)이라고도 한다. 자는 관례 때
예를 맡은 손님[賓]이 지어준다. 관례 때 자를 짓지 못하면 스승이
나 아버지 또는 연장자가 지어주기도 한다. 자(字)를 지을 때는 이
름과 관계를 지어 짓는다. 그리고 자의 뜻을 풀이한 자사(字辭)도
지어준다. 따라서 무인(武人)이나 신분이 낮은 사람은 자가 없다.

관례를 마친 자의 답사
－ 冠者對(관자대)

某雖不敏 敢不夙夜祗奉(모수불민 감불숙야지봉)

[번역]
○○가 비록 불민하나 이른 아침부터 밤늦게까지 감히 공경하여 받들지 않겠습니까?

2. 혼서(婚書) 원본 사진자료

2. 혼서(婚書) 원본 사진자료

<원본 1> 사성(四星)의 보기

＊ 신랑의 생년, 생월, 생일, 생시를 적은 종이쪽지.

(본문 42쪽의 해설 참조)

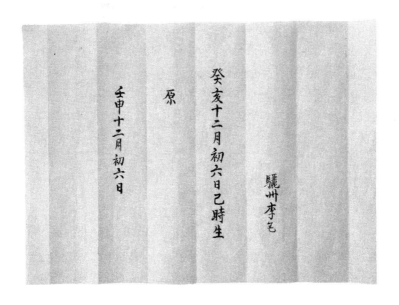

<원본 2> 사성(四星) 편지

＊ 글줄 옆에 방점(傍點)을 찍은 부분은 삭제하라는 뜻. 본래는 그 부분까지 다 썼으나 현시대와 맞지 않으므로 삭제해도 좋다는 뜻. 옆에 찍은 점은 한문에서 삭제 부호임.

(본문 45쪽의 해설 참조)

<원본 3> 사성 편지와 사성을 동봉하기 위하여 백지 위
에 놓은 것

＊ (본문 55쪽의 해설 참조)

<원본 4> 사성 편지와 사성을 함께 겹으로 봉한 봉투의
전면

＊ (본문 55쪽의 해설 참조)

<원본 5> 사성 편지와 사성을 겹으로 봉한 봉투의 후면

＊ (본문 56쪽의 해설 참조)

<원본 6> 혼인 날짜를 적은 길일(吉日)

＊ (본문 61쪽의 해설 참조)

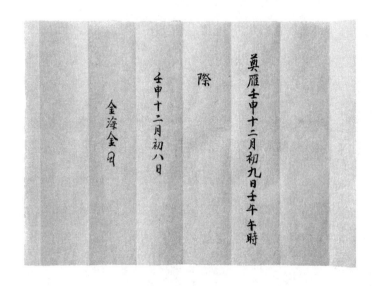

<원본 7> 혼인 날짜를 보낸다는 연길(涓吉) 편지

* (본문 64쪽의 해설 참조)

<원본 8> 연길과 연길 편지를 겹으로 봉하기 위해 백지
위에 놓은 것

＊ (본문 65쪽의 해설 참조)

<원본 9> 연길과 연길 편지를 겹으로 봉한 봉투의 전면

＊ (본문 66쪽의 해설 참조)

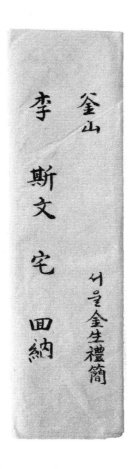

<원본 10> 연길과 연길 편지를 겹으로 봉한 봉투의 후면

* (본문 66쪽의 해설 참조)

<원본 11> 의양(衣樣), 또는 장제(章制)

＊ 신랑 옷의 치수를 적은 종이쪽지. → 내용 : 도포 길이 두자 두치 넉넉, 뒤품 길이 여덟 치 넉넉, 긴 동(어깨) 여섯 치 넉넉, 앞 품 다섯 치 넉넉. ─을미 삼월 초칠일.

(본문 71쪽의 해설 참조)

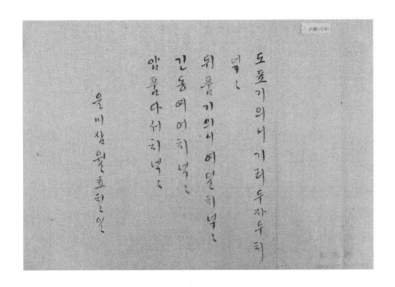

<원본 12> 예장(禮狀)

＊ 신부가 평생 동안 소중하게 보관했다가 죽으면 관(棺) 안에 넣어 간다고 함.

(본문 80쪽의 해설 참조)

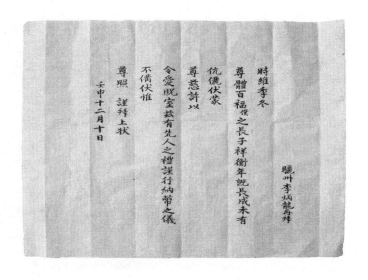

<원본 13> 예장(禮狀)에 삼근봉(三謹封)을 끼우기 전
의 모습

＊ (본문 85쪽의 해설 참조)

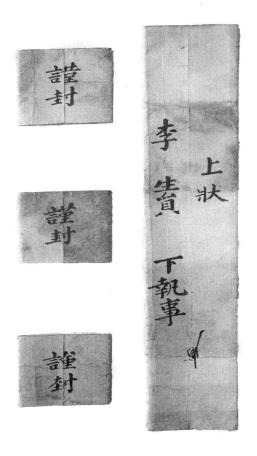

<원본 14> 예장(禮狀)에 삼근봉(三謹封)을 끼워서 완
성한 상태

* (본문 86쪽의 해설 참조)

<원본 15> 개화기(開化期) 혼품상(婚品商)에서 판매한 예장(禮狀)

＊ 성명, 계절, 연월일만 써 놓으면 된다. 오른편에 있는 것은 봉투임.
(본문 81쪽의 해설 참조)

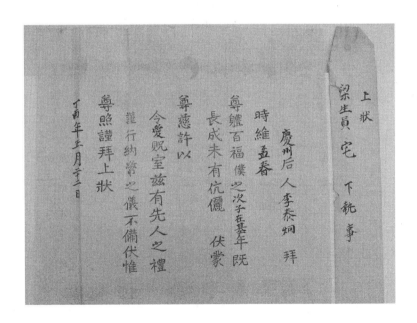

<원본 16> 납폐 물목(物目)

＊ 여기서는 전통적으로 써오던 관례(慣例)대로 현(玄)·훈(纁)만
썼지만, 실제로 여러 가지 예물(禮物)을 보낼 때에는 그 품목 이름을
다 쓰는 것이 좋다.

(본문 78쪽의 해설 참조)

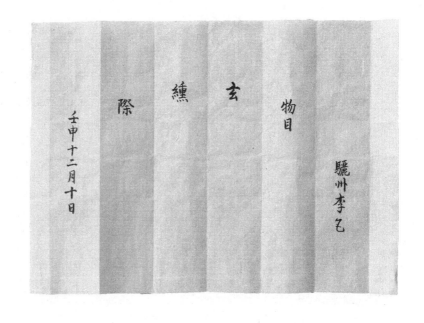

<원본 17> 상수(床需)를 보내면서 하는 편지

＊ 왼쪽은 편지 봉투. 1943년에 쓴 것임.

(본문 95쪽의 해설 참조)

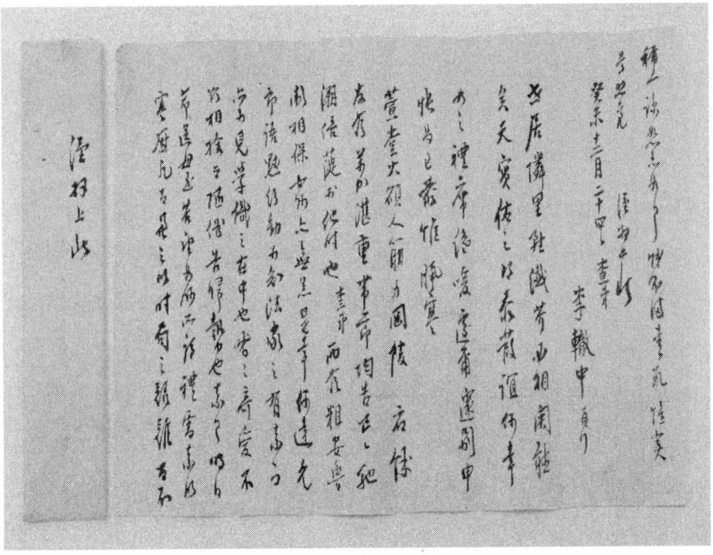

<원본 18> 간단히 쓴 상수 물목(床需物目)

＊ 1943년에 쓴 것임. 본 상수 물목은 <원본 17>의 앞 편지에 딸린 것이다.

(본문 99쪽의 해설 참조)

<원본 19> 상수(床需) 편지와 물목(物目)을 넣어서 중봉(重封)한 봉투의 전면

* <원본 17>, <원본 18>의 중봉 봉투임.
(본문 101쪽의 해설 참조)

<원본 20> 상수(床需) 편지와 물목(物目)을 중봉(重封) 한 봉투의 후면

* <원본 19>의 편지 봉투 후면임.

(본문 110쪽의 해설 참조)

<원본 21> 상수답서(床需答書)

* 왼쪽에 있는 것은 봉투. 1963년에 쓴 것임.

(본문 116쪽의 해설 참조)

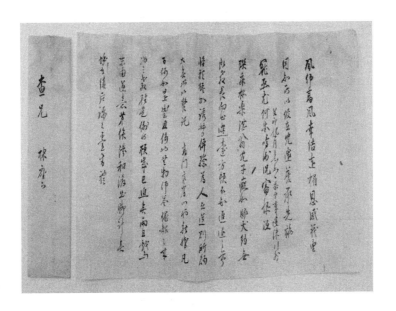

<원본 22> 상수답서(床需答書)의 중봉(重封) 전면

* (본문 117쪽의 해설 참조)

<원본 23> 상수답서(床需答書)의 중봉(重封) 후면

* (본문 117쪽의 해설 참조)

<원본 24> 신랑의 후행(後行)을 다녀와서 하는 편지

＊ 봉투 오른편에 "근배상후서(謹拜上候書)"라 쓰여 있음. 1963년
에 쓴 것임.

(본문 122쪽의 해설 참조)

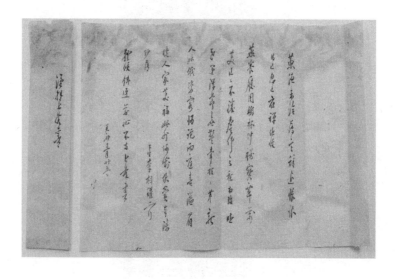

<원본 25> 새며느리가 시어머니께 올리는 문안 편지

＊ 왼편에 있는 것은 봉투임. → 내용 : 시어머님 전상서. 복미심(伏
未審) 납호(臘沍)에 기체후(氣體候) 일향만안(一向萬安) 하십니까? 복
소구구(伏溸區區) 무임하성지지(無任下誠之至)입니다. 자부(子婦)는
면식(眠食)이 무양(無恙) 하옵니다. 사뢸 말씀 이만 그치노이다. 일후
(日候)에 기체후 내내 만안(萬安) 하옵시기를 복망(伏望) 하옵니다.—
갑인 십이월 십육일, 자부는 상서. (상사리 上白是).

(본문 119쪽의 해설 참조)

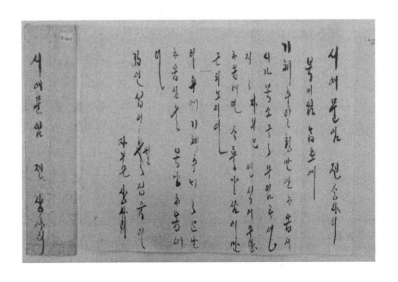

\<원본 26\> 단자(單子)

* 신분상으로 부득이 좋은 잔치에 참석하지 못하고, 음식을 조금
보내어 달라고 청하는 짧은 종이쪽지. 경남 고성에서 나온 것임.
　(본문 143쪽의 해설 참조)

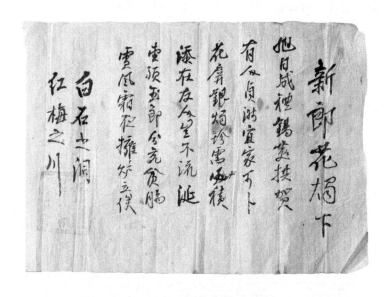

<원본 27> 동상례(東床禮)

* 전남 장흥 위씨가(魏氏家)에서 나온 것임.

(본문 139쪽의 해설 참조)

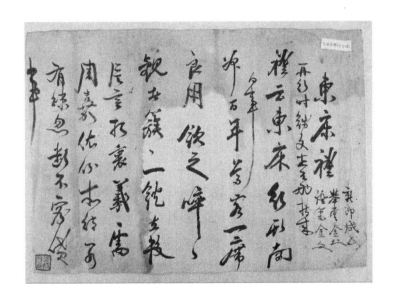

<원본 28> 단자(單子) 종이를 접은 모양

＊ 앞에 희미하게 보이는 글씨는 "효대(孝大)"인데, 발신처의 동리 이름이다.

(본문 141쪽의 해설 참조)

<원본 29> 단자(單子)의 내용

＊ 우리 향촌(鄕村)의 낭만적인 풍속을 보여주는 자료이다. 경남 고
성에서 나온 것임.

(본문 142쪽의 해설 참조)

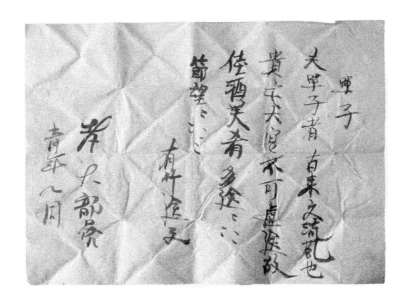

3. 관례(冠禮) · 계례(笄禮) · 납채(納采) · 납폐(納幣) · 친영(親迎) 원전자료

母命之曰

힘쓰고 공경하야 일쯔까 밤에까지 너의

규문에 래를 어기지 마르라

諸母命之曰

삼가너부모의말씀을듯자와 일책과

밤에까지개어람이없개하라

父命之曰　공경하고조심하야　일책과밤에까지너의구고

에명령을어기지마르라

冠者對曰

雖不敏 敢不夙夜 祗奉

賓曰

盛禮既成請退 又曰 不敢當 又曰 敢不從命

主人請曰
。。
有薄酒敢禮從者_{又曰}姑少留

字冠者祝

禮儀旣備令月吉日昭告爾字爰字孔嘉

髦士攸宜宜之于嘏永受保之曰、性和甫

允字甫

三加祝

以歲之正　以月
之令　咸加爾服
兄弟俱在　以成
厥德　黃耇無疆
受天之慶

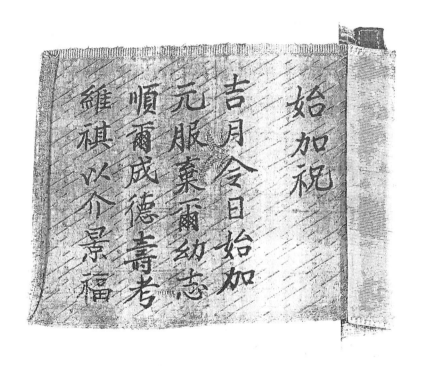

始加祝

吉月令日始加
元服棄爾幼志
順爾成德壽考
維祺以介景福

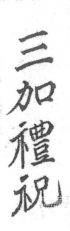

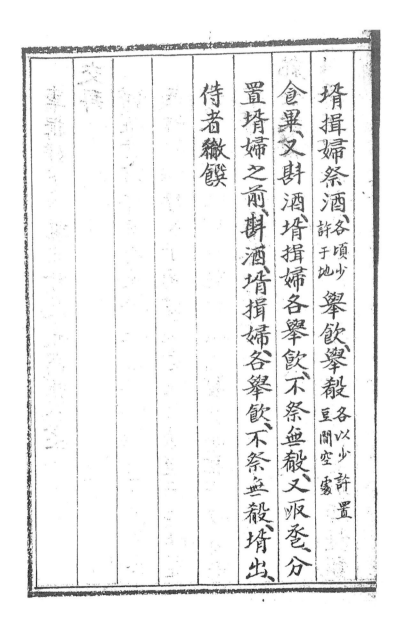

壻揖婦祭酒 各頃少許于地 舉飲舉殽 各以少許置豆間空處

食畢又斟酒壻揖婦各舉飲不祭無殽又取巹分

置壻婦之前斟酒壻揖婦各舉飲不祭無殽壻出

侍者徹饌

壻揖婦下車、導以升、及寢門、揖入室

交拜

婦從者、布壻席於東、壻從者、各以其家女僕媼之、布婦席於

西、皆於室中卓南、壻盥于南、婦從者沃之、婦盥于北、壻從

者沃之、各進帨、壻就席、從者舉婦蒙頭壻揖婦就

席、婦先二拜、壻答一拜、婦又二拜、壻答一拜

就坐飲食

壻揖婦各就坐、椅或席當卓、壻東婦西、侍者斟酒設饌

壻夫進鴈壻執鴈左首至于階前、主人升除階西
向立、壻升西階就陟階上北向跪置鴈於地、主人
侍者受之壻俛伏興再拜、主人不答拜、若狄人之女則其父
姆奉女出以帕蒙頭出中門壻揖之降自西階、主
人不降壻遂出女從之、壻舉轎簾以竢、姆辭曰未
教不足与為禮也女乃登車、壻下簾壻乘馬先婦
車以燭導前壻至家大門外下馬立于廳事、竢婦

席南端跪啐酒、興降席西、授侍者盥父再拜、姆導

女出於母左、父起命之曰、敬之戒之夙夜無違舅

姑之命母送至西階上爲之整冠斂帔命之曰、勉

之敬之夙夜無違甫闔門之禮諸母姑嫂娣送之

于中門之内爲之整裙衫申以父母之命曰謹聽

甫父母之言夙夜無愆、非宗子之女則、其父醮於私室。

奠鴈

主人出迎壻于門外壻東面主人西面揖讓以入、

子改爲助

我家事 勉帥以敬若則有常壻曰諾惟恐不堪

不敢忘命俛伏興再拜出 宗子自婚 不用此禮

壻乘馬轎或以燭前導至女家下馬于大門外

女家主人告于祠堂

醮女

女盛飾姆相之立於室外南向父坐堂東西向母

坐西東向侍者設女席於母坐之東北南向侍者

酳酒詣女前女四拜升席南向受盞跪祭酒興就

親迎

醮子

　婿盛服主人告于祠堂

主人坐於堂東西向侍者設婿席於其西北南向

婿升立於席西南向侍者斟酒詣婿前婿再拜升

席南向受盞跪祭酒興就席南端跪啐酒興降席

西授侍者盞又再拜詣父坐前東向跪父命之曰

往迎爾相承我宗事 非宗子之子則其父醮于私室改宗事為家事支子之次
往迎爾相承我宗事勉率以敬若則有常

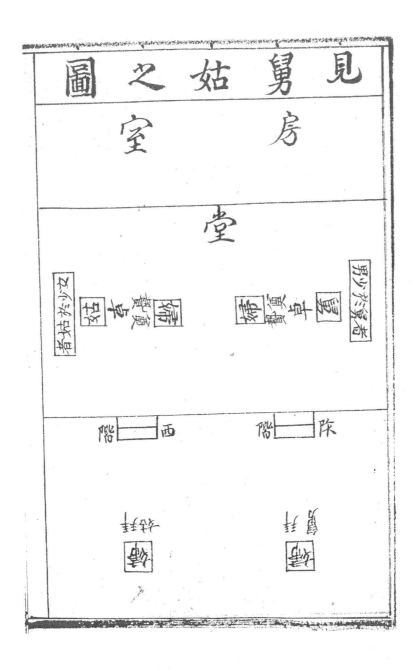

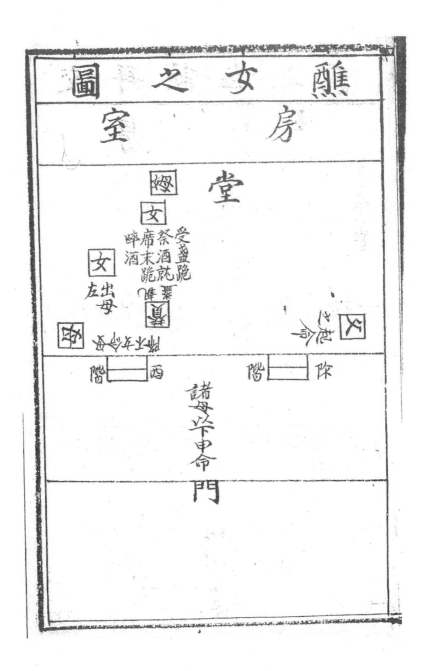

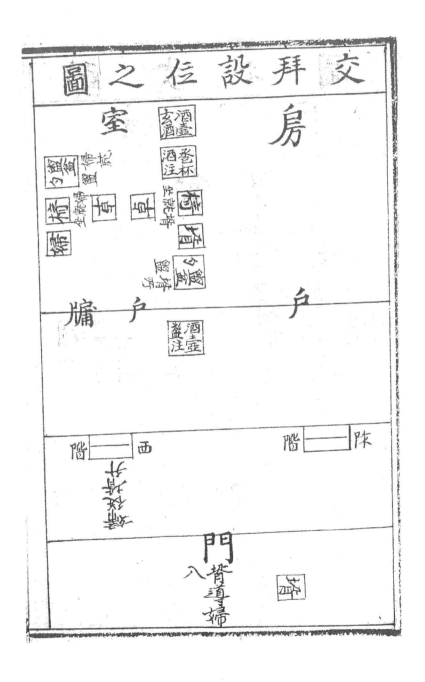

使者復命、壻氏主人以書告于祠堂置書香案上

納幣爲

禮如納采但不告廟使者致辭壻同納采但改采爲

幣從者以書幣進置于楹間卓上從者以書授使者、

使者受以授主人、主人對曰吾子順先典貺某重禮、

其不敢辭敢不承命乃受書以授執事者從者舉幣

進執事者受之並書幣入內、主人再拜使者辟之執

事者以復書進使者受以授從者禮賓同納采

人、主人對曰某之子、若姪妹 蠢愚又不能教、姑姉妹則不云蠢愚又

不能 吾子命之某不敢辭、詣樞間受書還就陳階上、

以書授執事者北向再拜使者辟席屏立不答拜使

者出就次、人非宗子之女則其父位於主人之右尊則少進卑則少退

主人奉書告于祠堂、置書香案上 主人出迎使者升堂執

事者以復書進主人受以授使者、使者受以授從者、

請退主人請禮賓至昰使者主人交拜揖如常日賓

客之禮

納采篇

壻氏主人具書凤興奉以告祠堂使子弟為使者盛

服如女氏從者擔書函隨之埃于次、女氏先設次于大門外之西媒
者設卓于中庭、次八告女氏執事

以書函隨置於卓上、主人使者至階三讓主人升阼
主人盛服出、迎于門外揖入從者

階西面、使者升西階東面、使者致辭曰吾子有惠貺

室某壻名也某壻名之某親某官有先人之禮、使某使者名

請納采從者以書進使者受之、詣楹間南面以授主

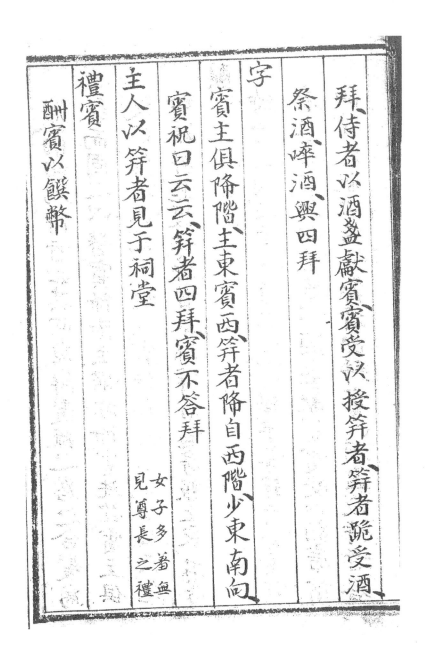

拜、侍者以酒盞獻賓、賓受以授筓者、筓者跪受酒、

祭酒、啐酒興四拜

字

賓主俱降階主東賓西、筓者降自西階少東南向、

賓祝曰云云、筓者四拜賓不答拜 女子多著無見尊長之禮

主人以筓者見于祠堂

禮賓

酬賓以饌幣

席南向跪侍者如其向跪解髮梳之爲之合髮爲

髻而固之以簪賓降階主婦亦降賓洗訖賓主俱

復位侍者以冠笄盤進賓詣笄者前祝曰云跪

加冠笄起復位侍者撤櫛笄者適房服上衣出房

醮

侍者酌酒立于笄者之左賓舉手導笄者卽席笄

者立席右南向侍者以酒盞獻賓賓受以詣席前

向笄者祝曰云笄者四拜賓以酒盞授侍者答

序立

主婦如主人之位、將笄者雙紒衫子房中南向

賓至

侍者告賓、_{事奉者隨行}主婦下堂、_{門不出}迎賓主婦升自

陳階賓升自西階各就位、主東賓西侍者布席于

東階之東少西南向

加

將笄者出房、侍者奠櫛席左、賓揖手道將笄者即

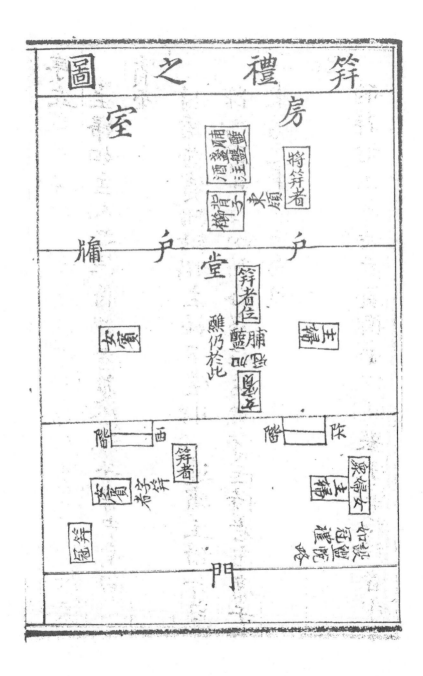

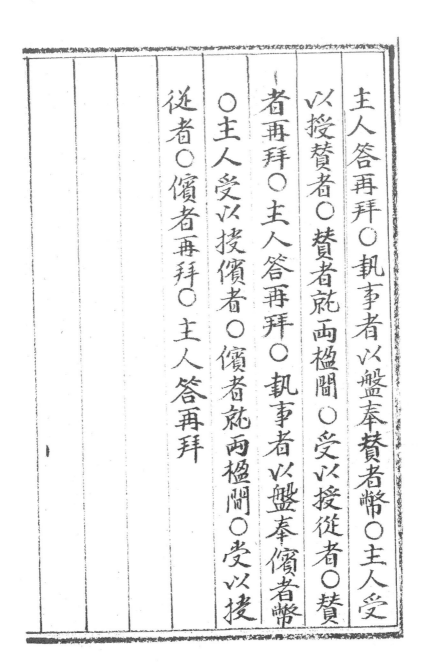

主人答再拜○執事者以盤奉贊者幣○主人受以授贊者○贊者就両楹間○受以授從者○贊者再拜○主人答再拜○執事者以盤奉儐者幣○主人受以授儐者○儐者就両楹間○受以授從者○儐者再拜○主人答再拜

姑少需○賓曰敢不從命○主人揖賓出就次○

贊及衆賓從之

見祠堂

見尊長

酬幣

主人迎賓○主人先行○賓從之○贊儐隨行○

主人就兩楹間○執事者以盤奉賓幣○主人受

以獻賓○賓就兩楹間○受以授從者○賓再拜

者再拜于贊者○贊者東向答再拜

字冠者

賓降階東向○主人降階西向○冠者降自西階

○少東南向○賓字之曰云云○冠者對曰云云

○冠者再拜○賓不答拜

出就次

賓揖主人曰盛禮既成請退○主人揖賓曰某有

薄酒敢禮從者○賓辭曰某不敢當○主人請曰

賓○賓祝曰云云○冠者再拜○升席○南向受
盞○賓復位○東向答再拜○贊者入房○以脯
醢盤出○置于席右端○冠者進于席南端○跪
○左手執盞○右手執脯抄醢○祭酒于席前空
地○置脯于豆間○興○退于席北端○跪○啐
酒○興降席○授贊者盞○贊者受以授執事者
○執事者受盞○徹脯醢盤入房○贊者退復于
賓左位○冠者南向再拜○賓東向答再拜○冠

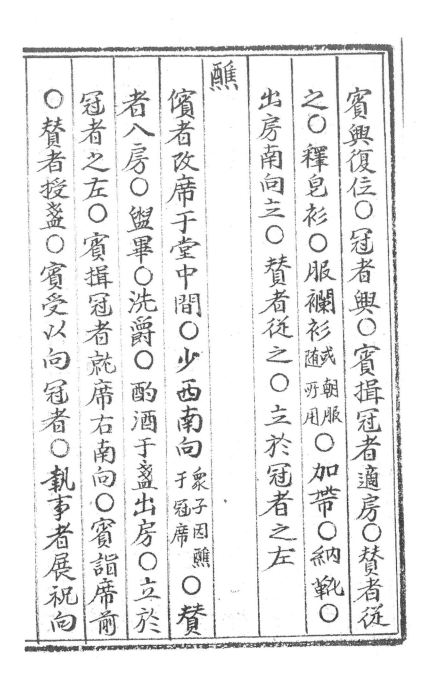

賓興復位○冠者興○賓揖冠者適房○贊者從
之○釋皂衫○服襴衫(或朝服亦用)○加帶○納靴○
出房南向立○贊者從之○立於冠者之左

醮

儐者改席于堂中間○少西南向(象子因醮于冠席)○贊
者入房○盥畢○洗爵○酌酒于盞出房○立於
冠者之左○賓揖冠者就席右南向○賓詣席前
○贊者授盞○賓受以向冠者○執事者展祝向

之○釋溪衣○服皁衫随用丹○加帶○納鞋○出

房南向三○贊者從之○立於冠者之左

三加

賓揖冠者即席跪○賓降○主人降○賓盥畢○

主人揖升○俱復位○執事者以幞頭盤或紗帽或金冠

用 隨乎進○賓降没階受之○執以詣冠者前○執

事者展祝向賓○賓祝曰云云○贊者撤帽○執

事者受帽撤櫛八房○賓跪加之○贊者結纓○

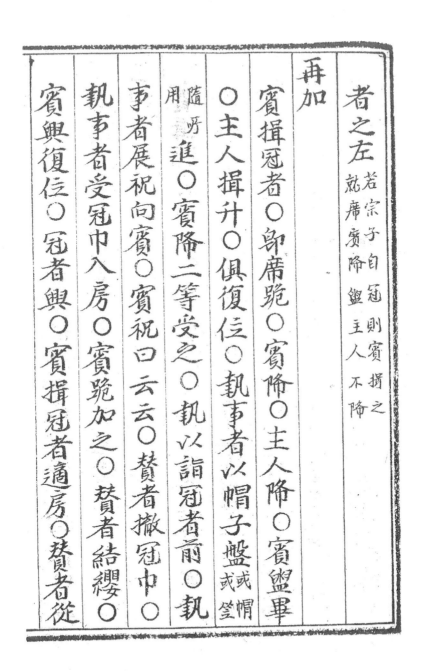

者之左　若宗子自冠則賓揖之就席賓降盥主人不降

再加

賓揖冠者○卽席跪○賓降○主人降○賓盥畢

○主人揖升○俱復位○執事者以帽子盤或帽或笠

隨所用○進○賓降二等受之○執以詣冠者前○執

事者展祝向賓○賓祝曰云云○贊者撤冠巾○

執事者受冠巾入房○賓跪加之○贊者結纓○

賓興復位○冠者興○賓揖冠者適房○贊者從

贊俱復位○執事者以冠巾盤進○升一等東西
授賓○賓陞一等受冠笄○右手執項○左手執
前○正容徐詣將冠者前○贊者受巾從之○執
事者展祝向賓○賓祝曰云○乃跪加之○贊
者代簪之○贊者以巾跪進○賓受加之○贊者
繫帶○賓興復位○冠者興○賓揖冠者適房○
贊者從之○釋四襆衫○服淺衣○加大帶○加
絛○納履○出房南向立○贊者從之○立於冠

向眾子則少西南向宗子
冠則如長子之席少南
自 ○將冠者出房南向

從主人後賓而升立於主人之名

初加

賓揖將冠者立于席北端向席○贊者取櫛掠○

置于席南端○興○立於將冠者之左○賓揖將

冠者即席西向跪 象子南跪 ○贊者即席○如其向

跪○為之櫛○合紒○施掠○訖○贊者降○賓

乃降○主人亦降○賓贊盥畢○主人揖升○賓

賓贊至門外○儐者入告主人曰賓至請迎賓○

主人出門東西向再拜○賓答再拜○主人揖贊

者○贊者答揖○主人遂揖而行○賓贊從之○

入門分庭而行○揖讓至階○又揖讓○主人由

阼階先升○少東西向○賓由西階緫升○少西

東向○贊者盥洗○由西階升○入房立於將冠

者之東西向○儐者布席于阼階上之東少北西

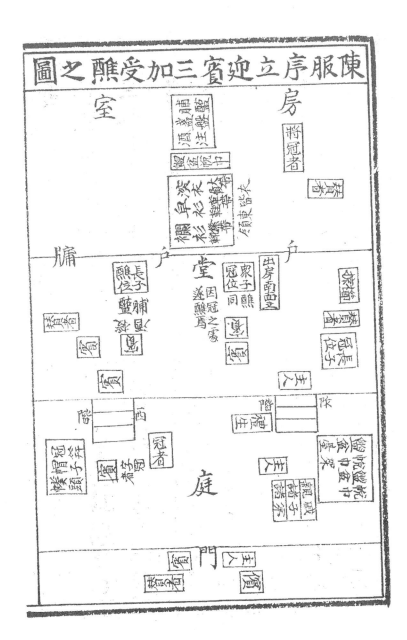

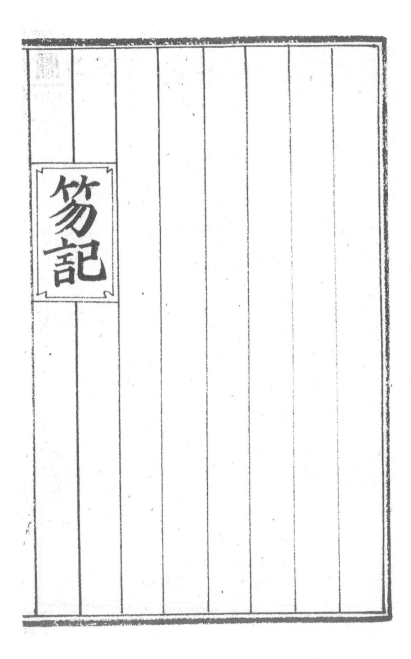

혼서(婚書)와 혼속(婚俗)

초판 1쇄 인쇄일	2016년 2월 3일
초판 1쇄 발행일	2016년 2월 4일

지은이	이병혁
펴낸이	정진이
편집장	김효은
편집/디자인	김진솔 우정민 박재원 김정주
마케팅	정찬용 정구형
영업관리	한선희 이선건 최재영
책임편집	김진솔
인쇄처	월드문화사
펴낸곳	국학자료원새미(주)
	등록일 2005 03 15 제25100-2005-000008호
	서울특별시 강동구 성안로 13 (성내동, 현영빌딩 2층)
	Tel 442-4623 Fax 6499-3082
	www.kookhak.co.kr
	kookhak2001@hanmail.net

ISBN	979-11-86478-72-1 *93900
가격	18,000원